ざっくり分かるファイナンス

経営センスを磨くための財務

石野雄一

光文社新書

はじめに

この本を手にとってくださり、ほんとうにありがとうございます。
あなたはいったいどんな方でしょうか。

この本は、タイトル通り「ファイナンス＝財務」について書かれたものです。サブタイトルに「経営センスを磨くための財務」とありますから、あなたは、企業経営者や経営に携わる方、あるいは将来、経営に携わるであろうビジネスパーソンかもしれません。

いや、財務部やそれに関連する部署に配属されたばかりの方かもしれません。なかには新入社員の方もいらっしゃるでしょう。必要に迫られて、「なにかファイナンスに関する簡単な本はないかな」と書店の中を探し回っていた。そんなとき、「ざっくり分かる」というフレーズが目に飛び込んできて、思わず手にとってしまった——おそらく、そんな感じではないでしょうか。

そんなあなたはツイています。

その理由は、本文をお読みいただけたら、お分かりになると思うので、ここでは多くを語りません。ただ、ひとつ言いたいのは、本書は学問的な話や関数などを使った小難しい計算式は一切なし。計算はかけ算・割り算止まりです。つまり、ふつうの読解力と算数の知識さえあれば、最後まで苦労せずに読み進めることができるはずだということです。

ところで、かくいう私は何者でしょうか。

私は二〇〇〇年に一〇年間勤めた東京三菱銀行を退職しました。その後アメリカのビジネススクールでMBAを取得して、帰国後日産自動車に就職、ここでゴーンCEOのもと、三年間ファイナンスの仕事に携わりました。そして、独立。板倉雄一郎事務所のパートナーをつとめながら、現在はブーズ・アレン・アンド・ハミルトンという経営コンサルティング会社で、企業経営と資本市場の関係性に着目したコンサルティングを行っています。

——と書くと、順風満帆なキャリアのようですが、とんでもない。この間、まさに数字と格闘してきた一五年間といえます。

銀行員時代には、簿記を勉強しましたが、途中で挫折。理系出身ながら、数字にはとことん苦しめられてきたのです。

ファイナンスの勉強にも苦労しました。関連の書籍を買い漁り、私の本棚にはいまでも一〇〇冊以上が並んでいます。分かりやすい本を探し求めた結果がこれです。もちろん、これらが身になっていれば、投資も惜しくないのですが、どれもこれも私にとっては難しすぎました。

それがビジネススクールでファイナンスに開眼、さらに帰国後日産とルノーの財務担当者とディスカッションするうちにファイナンスについての理解が深まり、

あれ？　ファイナンスって、実際にビジネスで使えるんだ

と思うまでになったのです。

なんだか「青年の主張」みたいになってしまいましたが、実際ファイナンスは、ビジネス

で使えるどころか、その考え方なくしては、企業経営は成り立ちません。また、ファイナンスは奥が深く、おもしろいのも確かです。それは、ファイナンスの理論が、企業の「現在から未来へ」というところに力点を置いているからだと思います。

ここで、ファイナンスのことはまったく分からない、という方のためにお話ししておくと、ファイナンスとは、ひと言でいうと、「企業価値の最大化」をはかるための意思決定に役立つツール（道具）。その意思決定には、投資・資金調達・配当の三つがあります。いずれも企業の将来を見据えた上で行われるものです。

そんなファイナンスですが、どうもその重要性を認識している人は少ないように思われます。企業において、ファイナンスと両輪をなす会計（アカウンティング）が、『さおだけ屋はなぜ潰れないのか？』（光文社新書）がミリオンセラーになったことからもお分かりの通り、多くの関心を集めることになったのとは対照的です。

しかし、ビジネスがグローバル化していく中で、会計上の利益よりもキャッシュが重要視されるようになったいま、ファイナンスの重要性はますます高まっているといっても過言ではありません。

この本は、ファイナンスのことを勉強しようにもどこから手をつけていいのか分からないビジネスパーソンや経営者の方々が、ファイナンスの基本部分をざっくりと理解できるような内容にしました。「ざっくり」とはいっても、決して概略をなぞっただけの本ではありません。ファイナンスの習得に悪戦苦闘した私が書いたものゆえ、つまずきやすいところが手にとるように分かる内容になっているはずです。

あなたは、私のように、ファイナンスの習得に必要以上の時間とお金をかける必要はありません。くりかえしますが、ファイナンスはあくまでもツールです。たいせつなことは、このツールを使って何をするか、社会に対してどう価値提供をしていくかです。この本を読んで、ファイナンスに興味を持っていただけたら、私にとって、このうえない喜びです。

目次

第2章

第1章　会計とファイナンスはどう違う?

キャッシュと利益

本書は、タイトル通り、ファイナンスについて書かれたものですが、ファイナンスについてお話しする前に、ファイナンスとは切っても切り離せない会計についてお話ししたいと思います。

最初に質問です。会計（アカウンティング）と、本書のテーマである財務（ファイナンス）、あなたは両者の違いがお分かりでしょうか（ここからは、会計とファイナンスというぐあいに、前者は日本語で、後者は英語で表記をします。その理由については後でお話しします）。

分からない、という方も多かったのではないでしょうか。しかし、心配いりません。これは私の経験からいえることですが、両者の違いを明確に答えられる人は少ないからです。とはいえ、とても重要な事ですので、まずは両者の違いをはっきりさせておきましょう。

一番の違いは、**会計は「利益」を扱い、ファイナンスは「キャッシュ」を扱う**ということです。ここでの「利益」とは、「商品やサービスの売上から、その商品やサービスを作ったり売ったりする上でかかった費用を差し引いたもの」、もっと簡単にいうと、「売上から費用を引いたもの」です。この売上や費用は、実際のキャッシュ（現金）の入り払いにかかわらず、商品を販売した時点、商品を仕入れた時点で、会計上「認識」され、その結果、会計における決算書を構成する損益計算書に記載されるわけです。実は、このことが、同じ会社であるにもかかわらず、「会計上の利益」と「キャッシュの残高」が違う原因のひとつとなっています。

これに関係してくるのが「黒字倒産」です。あなたもお聞きになったことがあると思いますが、黒字倒産というのは、利益は出ている（すなわち黒字である）のに、会社にキャッシュがなくて倒産に追い込まれるという、笑うに笑えぬ現象のことです。これは、会計上は売上が計上されているのに、キャッシュが取引先などから未回収であるときに起こります。そうして資金繰りに困ったあげくに……というわけです。けれども、このあたりのことが分かっていない経営者の方は、案外たくさんいらっしゃいます。

企業活動によって生じるお金の流れのことをキャッシュフローといいます。そして、このお金の流れには、入金（キャッシュイン）と支払（キャッシュアウト）があります。これは、「会計上の利益」とは異なり、実際にキャッシュが入金されたり、支払が行われたりした時点で「認識」されます。この場合の「認識」とは、企業の預金の残高に反映されるということとです。

さて、会計が扱う「利益」ですが、これはそのときどきの会計基準やそれぞれの経営者の判断によって、ある程度調整することができます。「調整」といえば聞こえはいいのですが、早い話が「まちまち」ということです。会計基準については、いま国際会計基準という形で、世界的に統一の方向に向かってはいますが、実際には国によって採用されている会計基準にはまだ違いがあります。日本には日本の会計基準が、アメリカにはアメリカの会計基準が、欧州には欧州の会計基準があります。したがって、グローバルに展開しているような企業の場合、国によって、まったく違う会計基準に対応していかなければならないわけです。

たとえば、近いうちに世界一の自動車メーカーになるであろうトヨタ自動車。いうまでもなく東証一部上場企業ですが、ニューヨーク市場にも上場しています。両者のバランスシート(貸借対照表。会計における決算書の重要な要素です)を並べて見ると、項目がまったく違います。項目が違うのですから、もちろん数字も変わってきます。

これに対し、ファイナンスが扱う「キャッシュ」は残高を調整できません。どの国の会計基準だろうが、経営者の考えがどのようなものであろうが、キャッシュの残高は変わりません。**「キャッシュは嘘つかない」**といわれる所以《ゆえん》です。まずは、この点をしっかりと押さえてください。

「過去」か「未来」か

二番目の違いとして、会計とファイナンスとでは、対象となる「時間軸」が違います。会計が扱うのは、あくまでも企業の「過去」の業績です。決算書を構成する三つの要素であるバランスシートや損益計算書、キャッシュフロー計算書の数字は、いずれも、「いま現在」のものではありません。

これに対し、ファイナンスは「未来」の数字、すなわち企業が将来生み出すキャッシュフローを扱います。

ファイナンスが近年、重要視されるようになった理由は、まさにこの点にあります。というのも、**経営者自身が、常に「現在」と「未来」の二つの時間を考える必要に迫られている**からです。言い換えれば、経営者は、常に「現在の投資」と「将来のリターン」のバランスをとる必要があるということです。投資なくして、将来のリターンがないのはあたりまえです。

もちろん、だからといって、将来のためにと、過大な設備投資をすることは避けねばなりません。しかし、その一方で、目先のキャッシュの増加を重視するあまりに、企業の存続を犠牲にしてもいけません。このように経営者は、現在と未来とのバランスをとることを常に求められているわけです。

「利益」を扱うか、「キャッシュ」を扱うか、そして、「時間軸」が「過去」を向いているか、「未来」を向いているか、これが、会計とファイナンスの大きな違いといえるでしょう。

横文字の多いファイナンス

そして三番目の違いとして、これは蛇足ですが、担当者の口グセが挙げられます。会計に携わる人は、何かにつけ「借方《かりかた》」とか「貸方《かしかた》」などという言葉を使います。いずれも簿記に登場するもので、そのせいか、世間一般の人が会計と聞くと、すぐさま簿記を連想してしまうようです。

けれども、簿記は会計の中のほんの一部分にすぎません。しかし、会計担当者の口グセの印象が強いせいか、簿記イコール会計と考えられがちです。

一方で、ファイナンスの担当者はやたらカタカナ用語を連発します。「財務」というちゃんとした日本語があるにもかかわらず、「ファイナンス」という表現が一般的です(そのため、本書では「ファイナンス」で通しているわけです)。また「市場」のことは「マーケット」、「有利子負債」のことは「デット（Debt）」、株主資本のことは「エクイティ（Equity）」と、まさに枚挙にいとまがありません。

なにゆえ、かくも横文字が多いのか。それは、ファイナンスの担当者の多くが「西洋かぶれ」というわけでは決してなく、もともとファイナンス理論がアメリカで発達したことと関係しています。事実、アメリカはハリー・マーコウィッツやウィリアム・F・シャープ、ロバート・C・マートン、マイロン・S・ショールズなど、ファイナンス理論でノーベル経済学賞を受賞した学者を輩出しています。

とはいっても、横文字ばかり並べ立てるのは、いかがなものか、という意見も当然あるでしょう。私も含めて気をつけねばなりません。

財務会計と管理会計

さて、ここからは会計についてくわしく見ていくことにします。「会計のことはよく知ってるよ」という方は、飛ばして第2章へとお進みください。

企業会計は、大まかに財務会計と管理会計の二つに分かれます。両者は、それぞれ目的が違います。財務会計は、「外部」に報告するために行う会計です。「外部」とは、たとえば、

図1　会計の体系図

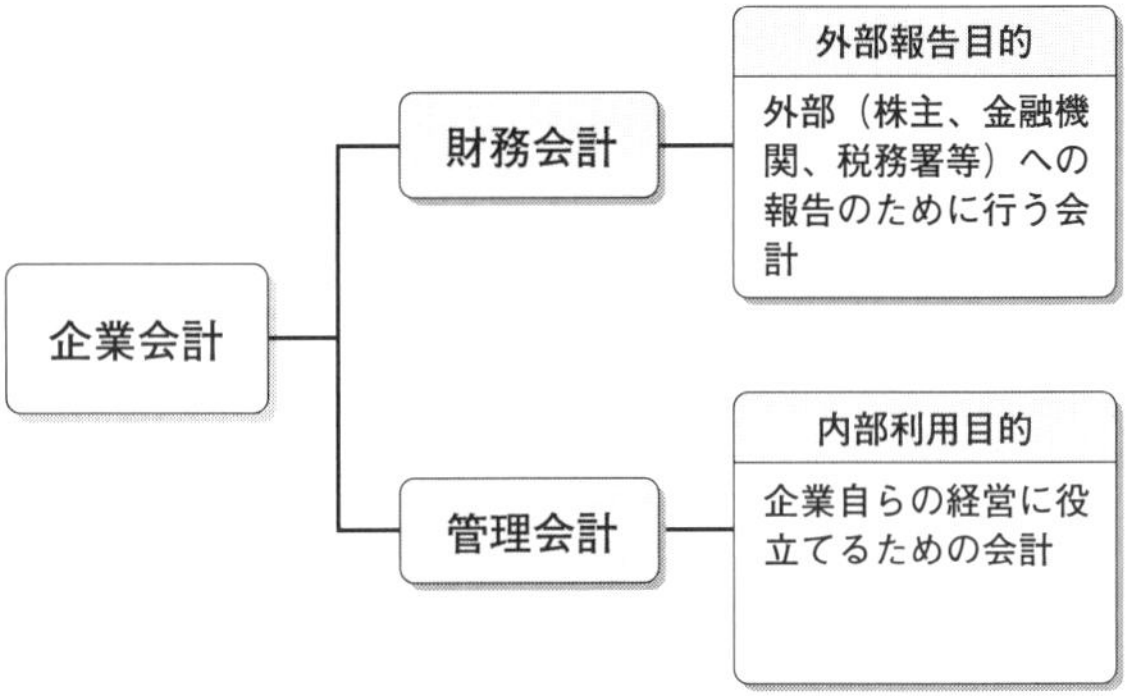

株主や金融機関などを指します。

これに対して、管理会計は、経営者あるいは経営管理者が企業経営に利用するために行う会計です。

冒頭で、ファイナンスと会計は切っても切り離せない関係にある、とお話ししました。ファイナンスに関係があるのは、財務会計の方です。いずれにしても「現状を把握するため」に会計が必要である、ということを覚えておいてください。

財務三表

次に決算書についてお話しします。**決算書は、貸借対照表、損益計算書、キャッシュフロー計算書の三つから構成され、これらは**

図2　決算書を構成するもの

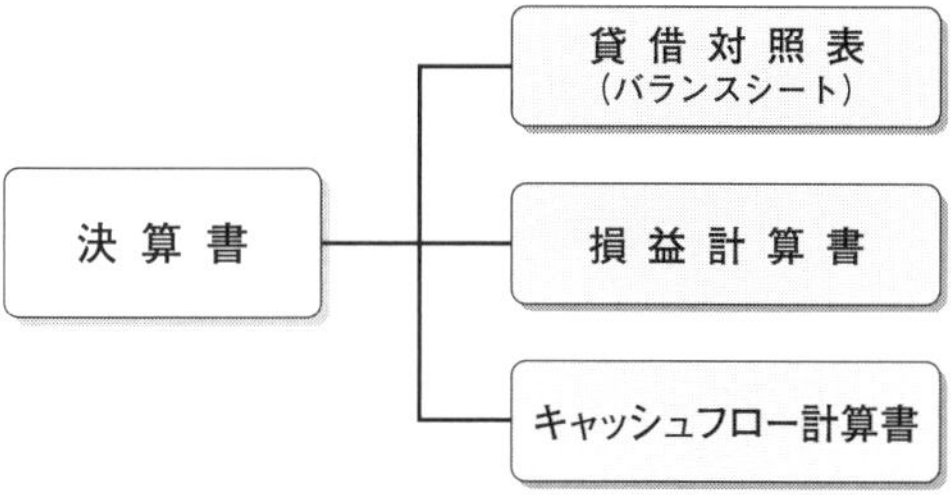

「財務三表」と呼ばれています。

まず貸借対照表からお話ししましょう。

損益計算書は、会社の売上がいくらで、利益や損失がどのくらいで、といったことを示し、ある程度分かりやすいのですが、貸借対照表の方は、「分かりにくい」とよくいわれます。しかし、おおまかなイメージをつかんでいただければ、それほど難しいものではありません。

貸借対照表はバランスシート、略してBSなどともいわれます（ここからはバランスシートで統一します）。22ページの図3をご覧になるとお分かりのように、表の左側には〈資産〉、右側には〈負債と資本（純資産）〉がきます。〈資産〉と、〈負債と資本〉の合計が同じ、つまりバランスをとっていることから、バランスシートといわれるわけです。

これは、企業における資金の「調達」と「運用」を表してい

図3　貸借対照表（バランスシート）の仕組み

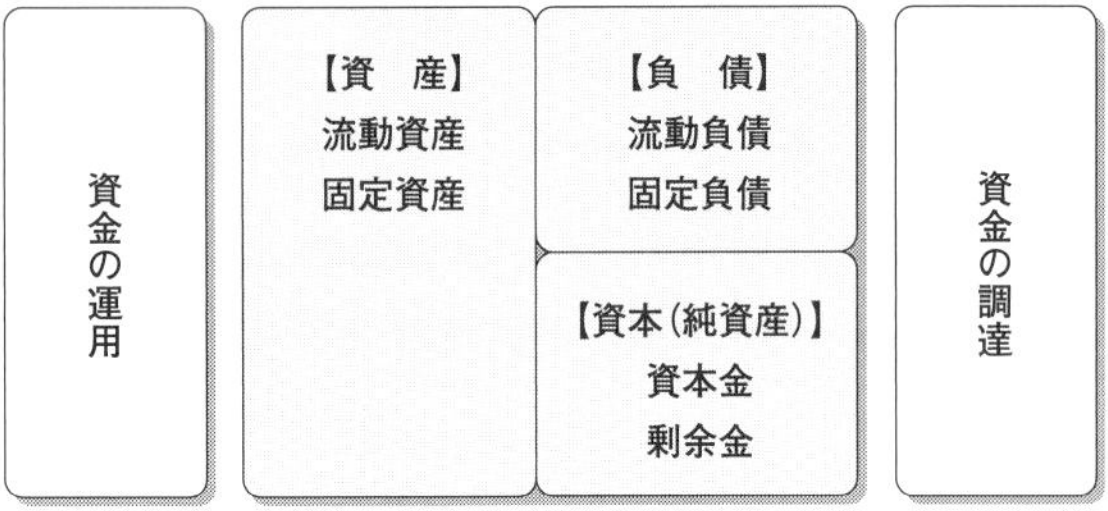

ます。つまり、その企業が、どうやって資金を調達しているのか――負債という形か、資本という形か――、そして、その調達した資金をどのように運用しているのか、ということを示しているわけです。負債なり資本なりで調達したキャッシュを資産サイドでぐるぐる回して（＝運用して）リターンを生み出す。まずは、このイメージをざっくりつかんでください。

資金調達の方法

ここで、企業の資金調達の方法について、お話をしておきましょう。

基本的には、「有利子負債による調達」と「株主資本（株式発行）による調達」とがあります。有利子負債を「デット」、株主資本

図4　資金調達の方法

資金調達の方法として、有利子負債で調達するデット・ファイナンスと株主資本で調達するエクイティ・ファイナンスの二種類がある。

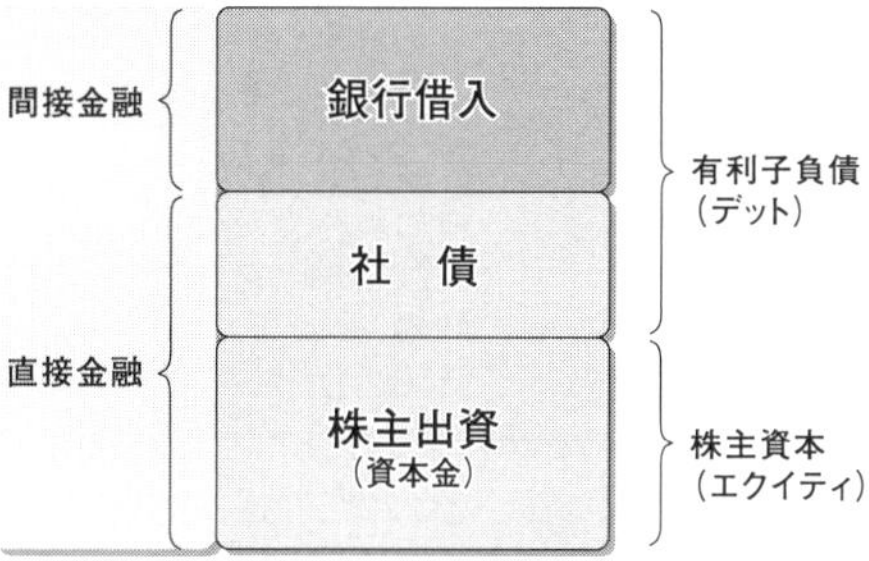

を「エクイティ」、そして、有利子負債で調達する場合には「デット・ファイナンス」、株主資本で調達する場合には「エクイティ・ファイナンス」と呼んでいます（株主資本は自己資本といういい方をするときもあります）。

　そして**有利子負債は、銀行借入と社債の二つに大きく分けられ、銀行借入を間接金融、社債と株主資本とを合わせて直接金融といいます。**この場合、何が間接で、何が直接なのかというと、それは投資家と企業との関係です。

　ここで、企業が金融機関から借入をする場合の流れを見ながら、ご説明しましょう。まず、投資家（＝預金者）が金融機関に対して投資（＝預金）しますす（後でお話ししますが、銀行に預金することは、本質的には投資を意味することに注意してください）。そして投資された金融機関が、企業に対して融資という形の投資をする。このように、投資家と企業の間には、金融機関が介在しています。「間接」というのは、このことを意味しています。一方で、社債や株式による調達の場合には、投資家と企業は文字通り、直接的に相対していることになります。

「『直接』といっても、株を買うときには、間に証券会社が入るじゃないか」というご意見もあるかと思いますが、この場合投資家が証券会社に投資して、証券会社が企業に投資するわけではありません。証券会社というのはあくまでも仲介役であって、その手数料収入を稼ぐというビジネスモデルなのです。

資本と資本金

バランスシートに話を戻すと、これは、資産、負債、資本（純資産）の三つのパートに分かれるのですが、それをさらに細かくすると、資産は流動資産と固定資産、負債は流動負債と固定負債とに分かれます。そして資本は、資本金と剰余金に分かれますが、この二つはそれぞれ、**企業を立ち上げたときに払い込みをしたお金と、いままでに稼いできたものを積み上げたお金**

です。この「資本」と「資本金」との関係は、いささか混同しやすいので注意が必要です。かくいう私は銀行員だったころ、増資しなければ資本は変わらないと勘違いしていました。けれども、変わらないのは「資本金」であって、「資本」の方は、利益が出ていれば剰余金に積み上がっていきます。

売掛金と買掛金

では、まず資産のうち流動資産や固定資産とは何かについて見ていきましょう（31ページ図7）。大まかにいいますと、**流動資産というのは、「すぐに現金化できる資産」のことです。**具体的には、まず「現金・預金」が挙げられます。手元の現金とか銀行預金です。そのほか、短期的に運用している投資有価証券や売掛金、受取手形があります。

会社が商品を販売する際、取引先やお客とその場で現金取引をするのでなければ、たとえば月末締めの翌月末払いといった条件付きの取引をします。こういう取引の形態を「掛け」といいます。その場合には、支払ってもらうまでは、会計上、資産の部に売掛金として計上されます（買掛金は売掛金とは反対に、「掛け」で仕入れた際の金額で、バランスシートの負債の部に計上されます）。

図5

単位：億円

	4月	5月	6月	7月	8月	9月	10月
売上高	250	220	250	250	200	275	230
	11月	12月	1月	2月	3月	計	
	225	275	250	275	300	3,000	

単位：億円

	4月	5月	6月	7月	8月	9月	10月
仕入高	125	110	125	125	100	137.5	115
	11月	12月	1月	2月	3月	計	
	112.5	137.5	125	137.5	150	1,500	

ここで、売掛金（買掛金）についてのイメージをつかんでいただくために、ちょっとした問題をお出ししましょう。

今年度の売上高3000億円のうち、年度末にまだ回収できていない売上代金はいくらありますか？　ただし、売上代金は月末で締めて、三カ月後の月末に回収するという取引条件とします（図5の上の表）。

そうです。一二月の売り上げ275億円は三月末に回収しますから、年度末（三月末）に回収できていないものは、一、二、三月の三カ月分で合計825億円、ということになります。実はこれこそが、売掛金という形でバランスシートの左側に計上されるものなのです。

では今度は、買掛金についての問題です。

今年度の仕入高1500億円のうち、年度末にまだ支払っていない仕入代金はいくらありますか？　ただし、仕入代金は月末で締めて、二カ月後の月末に支払うという取引条件とします（図5の下の表）。

買掛金も考え方は売掛金と同じです。答えが出ましたか？　そうです。二月と三月の二カ月分で合計287・5億円、ということになりますね。

約束手形

受取手形というのは、商品を販売した際に、その代金をキャッシュではなく、「掛け」で受け取る際の手形（約束手形）です。これと反対に、商品を作る材料などを仕入れる際に、その代金をキャッシュではなく「掛け」で支払う際の手形が支払手形で、こちらはバランスシートの負債の部（流動負債）に計上されます。

図6　約束手形

約束手形とは、手形の作成者である振出人が受取人に対し、将来の一定の期日に、手形上の金額を支払うことを約束した証券のこと。

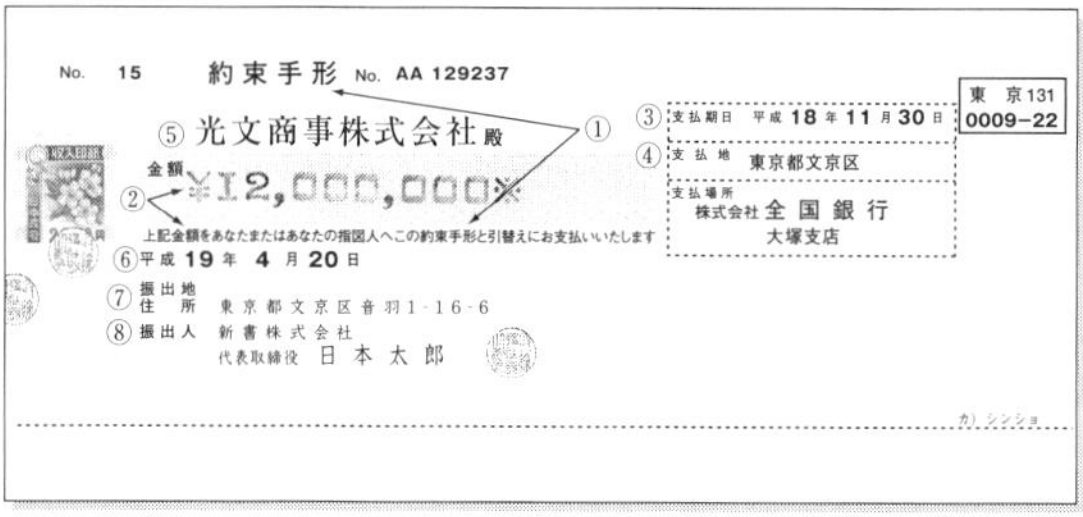

【必要記載事項】
①約束手形であることを示す文字　②一定金額の単純な支払約束文句　③支払日
④支払地　⑤受取人またはその指図人　⑥振出日　⑦振出地　⑧振出人の署名

約束手形は、手形の作成者である振出人が受取人に対し、将来の一定の期日に、手形上の金額を支払うことを約束した証券のことです。これが、お金の代わりになり、これを使って支払ったり受け取ったりできます。つまり、「いついつまでに、いくらいくら、誰々さんに支払いますよ」という約束がされているものということです。それが約束通りに払ってもらえない事態になると、「不渡り」をつかまされた、ということになるわけです（ただ、こうした手形取引は減少していて、経済産業省は2026年に紙の手形を廃止することを発表しています。今後は電子債権化が進むと言われています）。

棚卸資産

次に、棚卸資産（在庫）についてお話しいたします。流通業などの場合、仕入れた商品が販売されるまでの間、また製造業などの場合には、原材料を仕入れてから、作った製品が販売されるまでの間、棚卸資産として、流動資産の項目に計上されます。

固定資産

固定資産というのは、**「現金化するのに時間がかかる資産」**を指します。こちらは大きく分けて有形固定資産と無形固定資産の二つがあります。

まず有形固定資産ですが、これには土地や建物、機械設備などがあります。一方、無形固定資産は、営業権や特許権といった、形のない資産がこれに該当します。長期で保有している有価証券や、保有する子会社の株式などもそうです。ただし、グループ全体をまとめた連結決算では、子会社の株式などはバランスシート上には表れません。連結処理したときに、親会社の投資有価証券と子会社の資本（純資産）の部にある資本金とが相殺《そうさい》されてしまうからです。しかし連結対象にはならないケース、たとえばグループ以外の会社に対して投資を行っている場合には、無形固定資産のところに、有価証券として計上されます。

流動負債と固定負債

次に負債についてですが、先述したように、これには流動負債と固定負債があります。

流動負債とは、早い話、**すぐに返す必要がある負債**のことをいいます。これにはまず、先ほどお話しした支払手形や買掛金があります。また短期借入金は、金融機関からの借入金のうち、決算日から一年以内に返済しなければいけないものです。これらが、この流動負債に区分されます。

一方、固定負債の方は、**すぐに返す必要がない負債**で、まず長期借入金が挙げられます。これは金融機関からの借入金のうち、返済期日が決算日から一年を超えるものを指します。そのほかには社債がありますが、これは会社が資金を調達するために発行する債券で、長期借入金と同様に固定負債に分類されます。

資本金と剰余金

資本（純資産）の部の資本金や剰余金は、資金を提供してくれた株主に返済する必要はありません。ただし、ここで強調しておきたいのは、だからといって、**企業にとってコストが**

図7　バランスシート

◆資産サイド

資産サイド	
流動資産 現金・預金 有価証券 受取手形 売 掛 金 棚卸資産	流動負債 支払手形 買 掛 金 短期借入金 固定負債 長期借入金 社　　債
固定資産 有形固定資産 無形固定資産 投資その他資産	資 本 金 剰 余 金

流動資産

- 現金・預金（手元現金と銀行預金）
- 有価証券（短期的な資金運用としての投資有価証券）
- 受取手形（販売代金を手形で受け取っている金額）
- 売掛金（掛け売りしている金額）
- 棚卸資産（＝在庫）

固定資産

- 有形固定資産（土地、建物、機械設備など）
- 無形固定資産（営業権、特許権など）
- 投資その他資産（持ち合い株式など長期保有の株式）

◆負債・資本サイド

	負債・資本サイド
流動資産 現金・預金 有価証券 受取手形 売 掛 金 棚卸資産	流動負債 支払手形 買 掛 金 短期借入金 固定負債 長期借入金 社　　債
固定資産 有形固定資産 無形固定資産 投資その他資産	資 本 金 剰 余 金

流動負債

- 支払手形（仕入代金を支払った手形）
- 買掛金（掛けで仕入れた金額）
- 短期借入金（金融機関からの借入のうち、返済期日が1年以内に到来するもの）

固定負債

- 長期借入金（金融機関からの借入のうち、返済期日が1年超のもの）
- 社債（普通社債と転換社債がある）

資本（純資産）の部

- 資本金、剰余金は返済の必要なし
- 毎期の当期純利益から配当、役員賞与を支払ったあと剰余金に蓄積される

かからないわけではないということです。株主は、ボランティアで企業に資金提供しているわけではありません。「見返り」を期待しているからこそ投資しているのです。この「見返り」を企業は、配当（インカムゲイン）なり、株価上昇による売買益（キャピタルゲイン）という形で株主に還元しなければなりません。この「見返り」は、企業にとっては「株主資本コスト」になるわけです（これについては、第2章でお話しします）。

企業内に残る利益は、毎期の当期利益から株主への配当や役員賞与を払った残りの部分で、これが、どんどんどんどん積み重なっていったものが剰余金です。

以上挙げたものが、バランスシートの内訳になります。31ページの図7を見て確認してください。

バランスシートは決算日当日のみの状況

ところで、私が銀行に在籍していた折、資金繰りに困ったある会社の社長さんから、こんなことをいわれました。

「ウチの会社って、ほんとうにお金がないんだよ。最初に、会社を設立したときに入れた資本金1000万円、これって使えないの？」

先ほど、私が銀行員時代に、増資しなければ資本は変わらないと思っていたことをお話ししましたが、この社長さんはそれと同様の勘違いをされていたんですね。社長さんが出資した1000万円は、そのまま資本金として、会社の銀行口座に残っているというわけではないのです。

先に、バランスシートは、資金の運用と調達を表す、といいました。右側の負債・資本サイドは、あくまでも、どのように資金を調達したかを表すものです。資本金が「使える形」でそこに残っているというわけではありません。社長さんが資本金という形で調達した1000万円は、資産サイドで売掛金や棚卸資産、あるいは土地や建物に形を変えて「ぐるぐる回っている」、つまりは**運用されている**、ということなのです。それをこの社長さんは、資本金はずっと銀行口座に残っていると思ってしまったのです。だからこそ、出資した1000万円を使いたい、といわれたのです。

では、社長さんが使えるお金はどこにあるのか。それは、バランスシート上の流動資産のところにある現金・預金です。しかし、その現金・預金の残高ですら、決算日当日の残高であって、いま現在の残高がいくらになっているかを表すものではありません。

ですから、1000万円だろうが1億円だろうが、**資本金の「多い、少ない」**は、**企業の**

資金繰りには関係がありません。もちろん、資金調達を、借入や社債などの、いわゆる有利子負債で行うのか、それとも株主資本という形で行うのかは、企業価値に影響を及ぼすたいせつなことではあります。しかし、資本金が多いからといって、資金繰りが楽というわけではないのです。この資金繰りの観点からすれば、バランスシートの資産サイドにある現預金こそが大事なのです。

ところが、このバランスシートというのは、何度もくりかえしますが、決算期の期末当日、つまりは一日だけの状況を表しているにすぎません。ということは、翌日になると、この数字が変わっている可能性があるわけです。先ほど、会計とファイナンスにおける時間軸の違いについてお話ししましたが、会計はあくまでも過去のことを表しているのであって、いまの時点の状態を表すものではないというのは、このことを指しています。事業活動は、日々行われているわけですから、バランスシートの数字は刻一刻と変わっているというのが現実なのです。

「現金商売が強い」といわれる理由

資本金に関して、もう一つお話ししておきましょう。

図8　運転資金

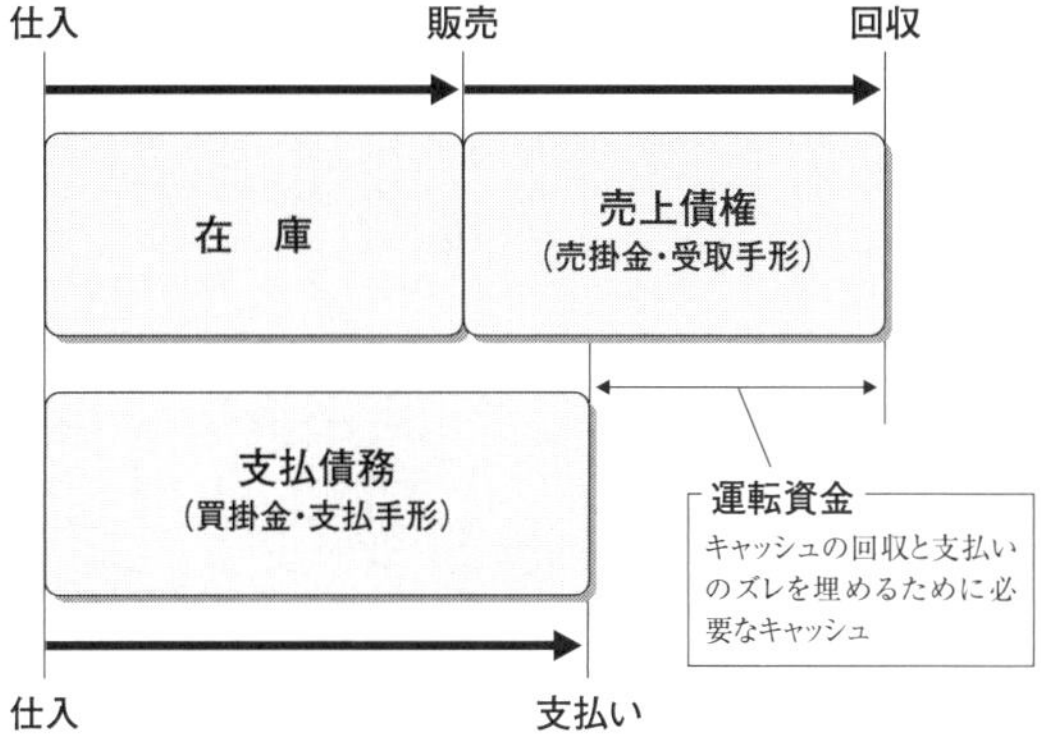

企業の事業活動とは、たとえば製造業などの場合、仕入れた原材料を加工して製品を生産・販売し、その結果キャッシュを手に入れるまでのサイクルをずっと回していくことといえます。このサイクルの中において、通常、原材料などの仕入代金の支払は、製品の売上代金の入金よりも先行します。そのため、両者のタイムラグを埋め合わせるために、一定のキャッシュが必要になります。そのキャッシュのことを**運転資金**（ワーキング・キャピタル）といいます。

商売を始めるには、運転資金が必要であるとよくいわれます。ところが、運転資金というのは、資本金とはまったく別です。**資本金というのは、あくまでも調達サイド（バラン**

スシートの右側）に関わるものですが、運転資金というのは、運用サイド（バランスシートの左側）に関わるものなのです。資本金で調達したものを運転資金に使うか、あるいは設備投資に使うか、ということです。

ここで話を分かりやすくするために、クルマを例にとってみましょう。

クルマを作るためには、まず鉄などの原材料を仕入れます。仕入れてから代金を支払うまで、代金は支払債務として、バランスシート上に計上されます。支払債務というのは、先ほどお話しした支払手形と買掛金の総称です。

一方で、作られた製品は販売されるまで、その製品は在庫としてカウントされます。バランスシートには、棚卸資産として計上されるわけですね。

さて、販売店に並んでいるクルマが売れました。お客さんと契約書を取り交し、納車しました。これで、車を一台売り上げたことになります。ただし、お客さんから売上代金が入ってくるまでは売上債権となります。売上債権は、受取手形や売掛金の総称です。

そうなりますと、支払が先で、回収が後になりますね。したがって、この資金の回収と支払のタイムラグを埋めるためには、キャッシュが必要です。これが運転資金です。この運転資金は増えたり減ったりしますが、増える場合は新たにキャッシュを用意しなければならないわけです。

「現金商売は強い」などということがよくいわれます。たとえばスーパーマーケット。お客さんからは販売代金をキャッシュで受け取りますが、納入業者などへの支払は後で行われます。生鮮食品などは、その日で売り切ってしまい在庫がほとんどなくなるので、結果的に支払債務ばかりになりますね。このように、現金商売の場合、入金が先で支払が後ですから、運転資金を必要としません。したがって、資金繰りが非常に楽、ということがいえるわけなのです（この運転資金については、第４章でもくわしくお話しいたします）。

運転資金のマネジメントの重要性

運転資金に関連して、かつて日産自動車が有利子負債をどんどん削減していこうとしたときに、どんな手を打ったかをここでお話ししましょう。

資産を事業に関連のある「コア資産」、事業に関連のない「ノンコア資産」に分けて、後者を売却したのは、よく知られています。そして、売上債権を削減するために、売上代金の回収期間をできるだけ短くするということをしました。さらに、在庫（棚卸資産）をできるだけ減らすようにしました。つまり、流動資産の部分をぐっと圧縮しようとしたわけです。

クルマを買ったお客さんに納車した後、代金の振込は「お客様のご都合がよろしい時で」ということでは、資金繰りに支障を来《きた》しかねません。なぜなら、債権の回収までの期間が長くなり、売上債権が増えてしまいますからね。増えるからには、何かでやっぱり埋めないといけないわけで、それが有利子負債だったりすることが、かつての日産では往々にしてありました。

在庫水準が高かったことに加えて、このようにクルマを売った代金の回収期間が長かったことが有利子負債の増大につながっていたのではないか、という反省のもとに、かつて私が所属していた日産の財務部は、当時のムロンゲCFO（最高財務責任者／現在はルノーのCFO）に、販売店の回収期間ランキングを毎月レポートしていました。一方、現場では、販売代理店のセールスマン用にチェックシートを作成しました。たとえば、納車日が決まったときには、同時にお客様と支払日を確定し、支払期日の記入がチェックシートになければ納車はできない、といったルールを作ったのです。いってみれば、こうした地道な活動をすることによって、回収と支払とのギャップを埋めていき、「浮いた資金」でもって、有利子負債の返済を行っていったわけです。

こうして実際に日産は再建されていったわけですから、いかに運転資金のマネジメントをきっちりやることが重要か、お分かりいただけたかと思います。

損益計算書の五つの利益

次は損益計算書についてのお話です。これはバランスシートに比べれば単純で、収益から、かかった費用を引いたら、これだけの利益や損失が出てきた、ということを示しています。

利益については、売上総利益、営業利益、経常利益、税引前当期利益、税引後当期利益の五つに分かれます。それぞれ以下にご説明しますので、40ページの図9をご覧ください。

まず、大元になる売上高というのは、その企業が提供する製品や商品、サービスの販売額です。たとえば自動車メーカーであれば、〈クルマの単価×台数〉で計算できます。そして売上原価は、その車を生産するのにかかった製造コストのことで、原材料などの仕入額といったものがここに入ります。また、工場で働く人の人件費もここに入ります。

売上高からこの売上原価を引いたものが、売上総利益です。通常、粗利益《あらりえき》、または粗利《あらり》と呼ばれるものがこれです。製品や商品、サービスそのものから、その製品や商品、サービスを生み出すのに要した費用を引くことによって計算できます。したがって、売上総利益は付加価値力、つまり、その企業がどれぐらい製品や商品、サービスに付加価値をつける力があ

図9　損益計算書の仕組み

①	売上高	製品・商品・サービスの販売額
②	売上原価	製品の製造コストや商品の仕入額
③=①−②	売上総利益	製品や商品そのものからいくら儲かったか
④	販売費及び一般管理費	販売活動や管理活動にかかった費用
⑤=③−④	営業利益	本業の営業活動から生み出された利益
⑥	営業外損益（支払利息・受取利息など）	営業活動以外の経常的に発生する収益や費用
⑦=⑤+⑥	経常利益	通常の営業活動や財務活動から生み出される利益
⑧	特別利益・特別損失	通常外の財務活動から生み出される利益（損失）
⑨=⑦+⑧	税引前当期利益	企業のすべての活動から生み出された利益
⑩	法人税等	当期の所得に対して、税法に基づき計算された税金
⑪=⑨−⑩	税引後当期利益	税金の差し引き後に最終的に残った利益

るのかを表す利益といえます。

売上総利益、つまり粗利から、販売費および一般管理費を引いたものが、営業利益です。「販管費《はんかんひ》」と縮めていわれることが多い、販売費および一般管理費は、製品や商品、サービスを販売するためにかかった費用や、広告宣伝費、あるいは工場以外の営業所員の人件費などのもろもろの経費のことをいいます。

営業利益に、営業外損益、つまり本業以外の収益と費用（たとえば支払利息や受取利息など）をプラスマイナスしたものを、経常利益、略して「経常《けいつね》」といいます。

次の特別利益・特別損失というのは、通常の事業活動以外から生じる損益のことです。たとえば会社が所有する遊休地、つまり事業に使っていない土地を売却した際や、反対にそういった土地を購入した折に生じた利益や損失がここに計上されるわけです。また、リコールがあった、などという場合に生じた損失もここに計上されます。法人税を引く前は税引前当期利益、法人税を引いた後は税引後当期利益となります。後者は、最終利益や純利益といわれることもあります。

営業利益重視の時代

かつて、企業にとっては経常利益が重要だ、などといわれた時期がありました。しかしいまでは、営業利益が重視されるようになってきています。**企業において「本業で儲ける力」を表す利益、それが営業利益**だからです。

バブルの頃、企業は財テクなどと称して、銀行などから調達した資金を盛んに運用していました。その際の受取利息や受取配当金などは、営業外損益に計上されていたわけです。それゆえ、投資が成功すれば、経常利益が膨らむことになり、その結果営業利益と経常利益が逆転している企業が結構ありました。しかし、そのような企業が、果たして「力がある」といえるのでしょうか。いまでも、某経済新聞などでは、経常利益をもって企業の収益力云々《うんぬん》を論じていますが、それはバブルの後遺症のひとつといえるかもしれません。

ちなみに経常利益は、日本にしかない概念で、アメリカにも欧州にもありません。会計基準が国際標準化していく中、経常利益よりも営業利益が重視されるのは、その意味で自然なことともいえます。

図10　バランスシートと損益計算書の関係

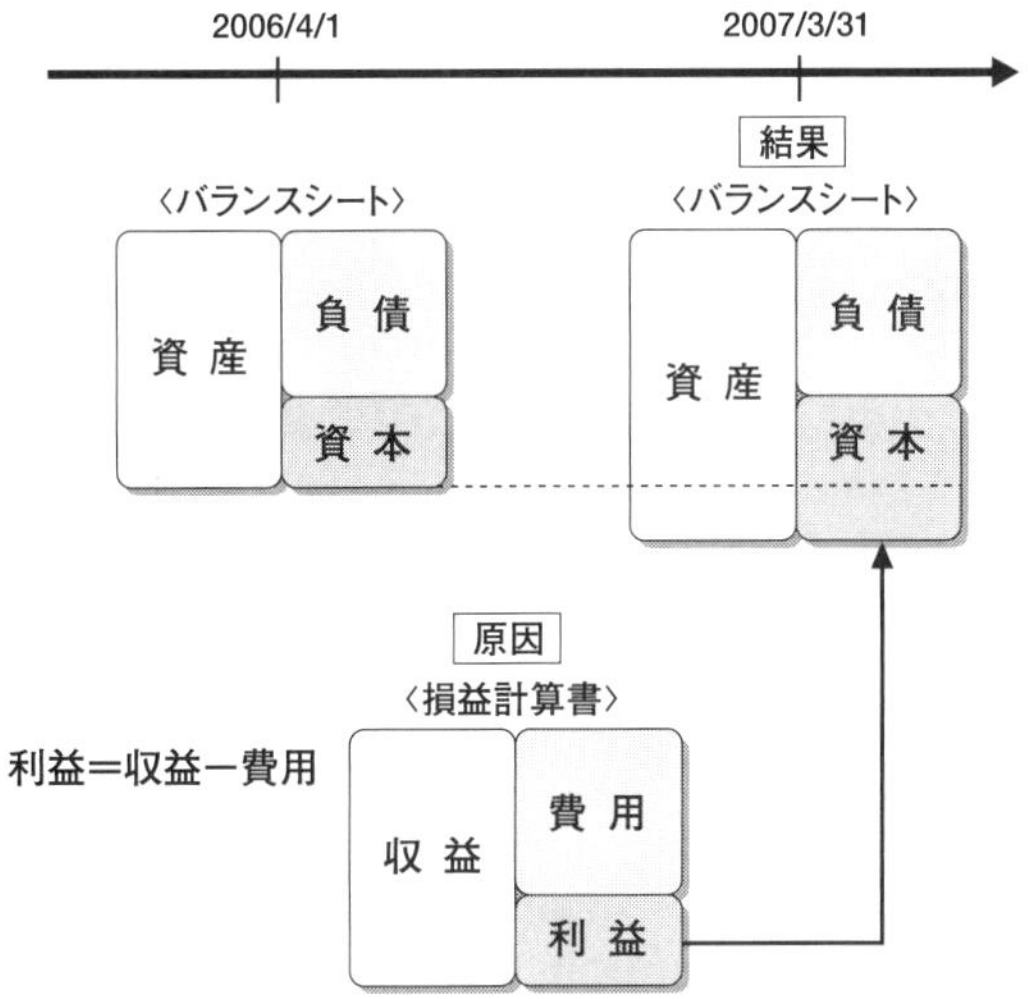

損益計算書が原因で、バランスシートが結果

ここで、バランスシートと損益計算書の関係を見ていきましょう。

図10をご覧ください。これはある企業の、二〇〇六年四月一日付のバランスシートと二〇〇七年三月三一日付のバランスシートとの関係を表した概念図です（バランスシートはその時点での企業における運用と調達を表している、というのは先ほどお話しした通りです）。

この会社が、二〇〇六年四月一日から一年間事業を行うことによって収益を得、そこからその収益を上げるためにかかった費用を差し引いた結果利益が生み出されて、それが一年後の二〇〇七年三月三一日に、資本のところに積み重なる……、そんなイメージをこの図からざっくりとつかんでください。

損益計算書が原因であり、そしてバランスシートは結果である、というふうにもいえます。そして利益は必ず、ここの資本（純資産）の部に組み込まれるわけです。かつての私のように、資本と資本金を間違えないでください。資本金は、増資や減資がなされなければ、変わることはありません。これに対し、資本の部は毎期、変化するわけです。

【おさらい】

バランスシートと損益計算書について、ここでおさらいしておきましょう。

バランスシートは、決算日における資金の「調達と運用」を表すものです。そして、バランスシートの変化の原因となっているものが損益計算書で表される利益なり損失です。収益から費用を差し引いたものがプラスであれば、バランスシートの剰余金が増加し、反対にマイナスであれば、剰余金が減少するという関係になっています。

営業活動によるキャッシュフロー

次にキャッシュフロー計算書についての説明をしましょう。

これは、結論からいえば、企業にどれだけの収入があって、どれだけの支出があったか、というキャッシュの動きを表すものです。バランスシートの一年間における現預金の増減の内訳を知りたければ、キャッシュフロー計算書を見れば一目瞭然です。

キャッシュフロー計算書は、二〇〇〇年三月期から上場企業の有価証券報告書の中に含まれるようになりました。47ページの図11をご覧ください。「営業活動によるキャッシュフロー」と、「投資活動によるキャッシュフロー」、そして「財務活動によるキャッシュフロー」という、三つのパートに分かれていることがお分かりになるかと思います。

「営業活動によるキャッシュフロー」を見ると、**企業がどれだけのキャッシュを生み出す能力を持っているか**が分かります。このキャッシュフローの水準が、同業他社よりも高い場合、その会社は「儲けパワーが強い」といえます。

上場企業の中には、損益計算書の上では増収増益であるにもかかわらず、実は「営業活動によるキャッシュフロー」がマイナスの企業もあります。なぜ、このようなことが起こるのかというと、前にもお話ししましたが、利益とキャッシュは違うものだからです。つまり、

営業活動によるキャッシュフロー	
当期利益	628
減価償却	500
流動資産の増加	−400
流動負債の増加	698
営業活動によるキャッシュフロー	1,426
投資活動によるキャッシュフロー	
固定資産取得による支出	−3,600
投資有価証券の取得による支出	0
投資有価証券の売却による収入	0
投資活動によるキャッシュフロー	−3,600
財務活動によるキャッシュフロー	
借入金の増加額	1,000
負債の返済	−400
配当金の支払額	0
株式発行による収入	0
自社株式の取得による支出	0
財務活動によるキャッシュフロー	600
事業活動によるキャッシュフロー	−1,574
前期末現金残高	3,000
期末現金残高	1,426

図11　キャッシュフロー計算書の仕組み

項目	考え方
営業活動によるキャッシュフロー	■企業がどれだけのキャッシュを生み出す能力をもっているかが分かる ■このキャッシュフローの水準が同業他社比で高い場合、〝儲けパワー〟が強いといえる ■このキャッシュフローがマイナスの場合、経営上、問題がある可能性あり（ただし、企業のライフサイクルが導入期の場合はこの限りではない）
投資活動によるキャッシュフロー	■何に、いくら投資しているかが分かる ■減価償却額と比較してみることによって、設備投資に積極的であるか把握できる ■営業CFとのバランスに注意が必要
財務活動によるキャッシュフロー	■キャッシュの過不足の状況や資金調達方法、財務政策を把握することができる ■プラスの場合は、必要な資金が不足しており、新たに調達したことが分かる ■マイナスの場合は、営業活動で十分なキャッシュを稼いでおり、有利子負債の削減や配当・自社株買いなどによる株主への還元が行われたことが分かる

（営業活動によるキャッシュフロー＋投資活動によるキャッシュフロー）→ 簡便フリーキャッシュフロー

売上があって利益が出ていたとしても、代金を回収していなければ、手元にキャッシュはありません。これでは、資金繰りに問題が生じます。ですから、「営業活動によるキャッシュフロー」がマイナスの場合は、その企業は**「経営上問題あり」**と考えられる可能性が出てくるわけです。

ただし、企業のスタートアップ時で、ライフサイクルが導入期の場合には、「営業活動によるキャッシュフロー」がマイナスになることが往々にしてあります（52ページ図12）。しかし、ある程度成長して、成熟期にある企業の場合ですと、ここがマイナスというのは、まず、ありえません。経営上何らかの問題があるということになります。

投資活動によるキャッシュフロー

次に、「投資活動によるキャッシュフロー」についてですが、この数字を見れば、企業が何に投資をしているのかがわかります。「投資活動によるキャッシュフロー」に出てくる有形固定資産を取得するための支出額と減価償却費（第4章で説明します）とを比較することによって、その**企業が投資活動に対して積極的かどうかが分かる**わけです。

ただし、投資活動に対して積極的ならそれでいい、というわけではありません。本業で儲ける以上に投資をしているとすれば、「確かに積極的だけど過大投資じゃないのか」という危惧も出てきます。ですから、両者の数字を比較する場合、そのあたりのバランスに注意する必要があるわけです。

「投資活動によるキャッシュフロー」というのは、企業からキャッシュが出ていくことですから（キャッシュアウト）、マイナス表示になります。一方、「営業活動によるキャッシュフロー」は、健全に経営が行われていれば、企業にキャッシュが入ることになるので（キャッシュイン）、プラス表示になります。そして、この二つを合わせてプラスになれば、この企業は、**投資活動を補ってあまりあるほど営業活動で十分なキャッシュを稼いでいる**ことになりますから、有利子負債の削減や配当、自社株買いなどによって、株主へ還元することもできるわけです。

財務活動によるキャッシュフロー

これらの財務活動は、「財務活動によるキャッシュフロー」にマイナス表示されます。なぜ、マイナス表示されるのかというと、企業にとってキャッシュが社外に出ていくことになるからです。逆に、「営業活動によるキャッシュフロー」と「投資活動によるキャッシュフロー」とを足してマイナス表示になるようなら、それはすなわち資金を調達する必要があるということです。したがって、「財務活動によるキャッシュフロー」はプラスになります。

この「財務活動によるキャッシュフロー」を見ることで、**その企業における営業活動ならびに投資活動におけるキャッシュの過不足の状況や資金の調達方法**を把握することができます。言い換えれば、この企業の財務戦略が分かるわけです。たとえば、資金の調達について、金融機関などからの借入金で調達したのか、社債を発行して調達したのか、それとも株式を発行して、いわゆる資本の形で調達したのか、ということです。

フリーキャッシュフロー

キャッシュフロー計算書で何が分かるかというと、簡単にいえば、**一年間におけるキャッシュ残高の増減の理由**です。つまり、一年間でキャッシュが増えているんだけど、どういう活動によってキャッシュが増えたのか、あるいは減ったのか、ということを見るためのものが、キャッシュフロー計算書なのです。

ちなみに、投資活動というのは、財務活動には含まれません。財務活動というのは、あくまでも、資金調達、あるいは儲けたキャッシュをどう配分するかということだからです。したがって、純粋な設備投資やＭ＆Ａ（企業の買収・合併）などは投資活動なので、財務活動には含まれません。

「営業活動によるキャッシュフロー」と「投資活動によるキャッシュフロー」を足したものを、「フリーキャッシュフロー」（簡便フリーキャッシュフロー）と呼んでいます（実際に企業価値を計算するときのフリーキャッシュフローということになると、もっと細かな計算をすることになりますが、ここではそれについては触れません。第４章で説明します）。

フリーキャッシュフローは、**企業が事業活動を行った後に、企業への資金提供者である投資家（株主と債権者）に自由に分配することができるキャッシュフロー**のことをいいます。この「フリー」は、投資家にとってフリー、つまり「このキャッシュは、もう好きに使っていいですよ」ということを意味しています。また、資金調達の方法、つまり、デット（有利子負債）で調達しようが、エクイティ（株主資本）で調達しようが、影響を受けないという意味での「フリー」という意味もあります。ちょっと、難しいかもしれませんが、後ほどくわしくご説明しますので、ここではさらっと読み流してください。

図12　キャッシュフローのパターン

営業CF、投資CF、財務CFの動きには、企業のライフサイクルに応じたパターンが存在する。

ライフサイクルと売上パターン

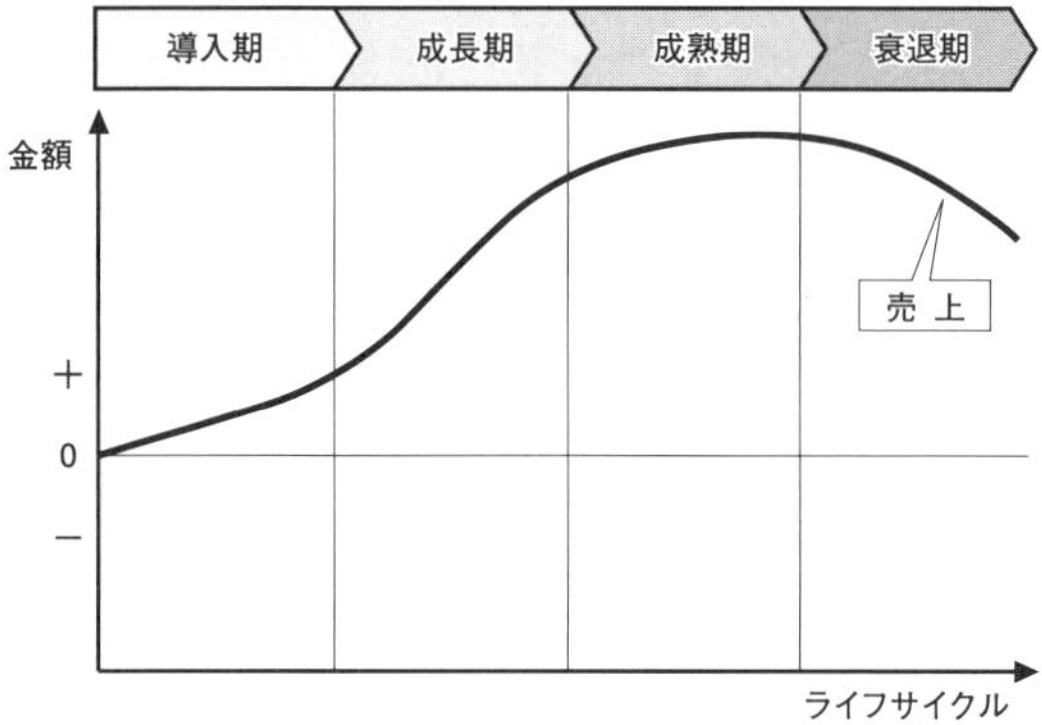

ライフサイクルとキャッシュパターン

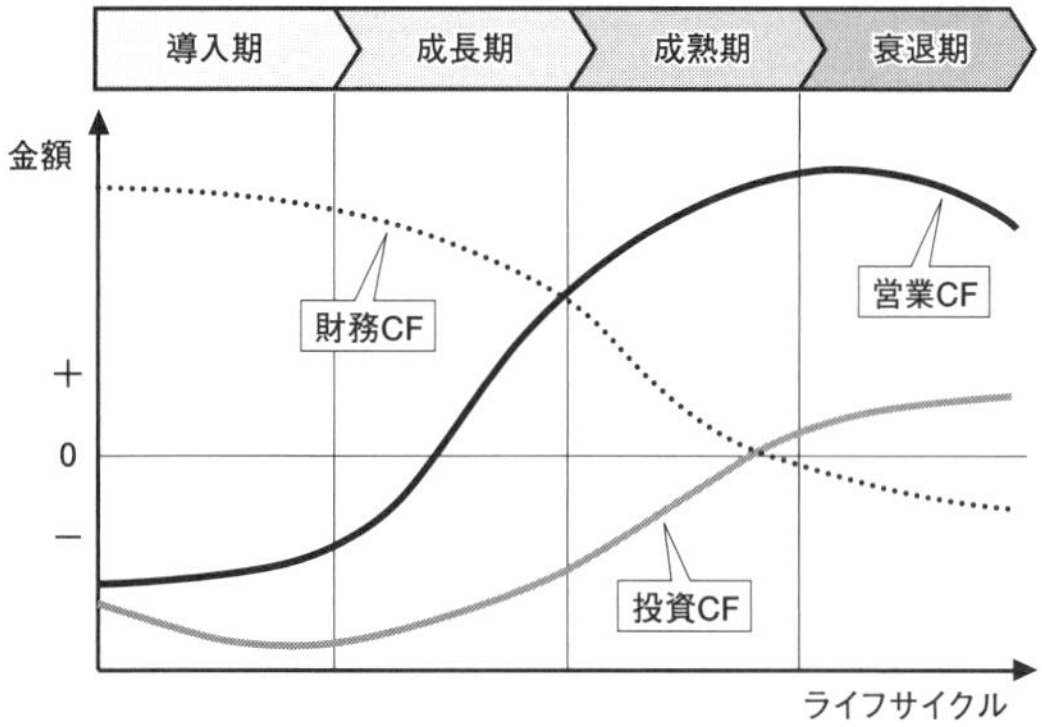

事業のステージによってキャッシュフローのパターンは変わる

次に、キャッシュフローのパターンについて見てみましょう。

先ほど、会社のスタートアップ時における「営業活動によるキャッシュフロー」についてお話ししましたが、キャッシュフローのパターンというのは、企業がライフサイクルにおいてどのステージに位置するかによって、大きく変わってきます。

Ｓカーブという言葉をお聞きになったことがあるでしょうか。企業の業績というのは、導入期から成長期、成熟期、衰退期へと変化していくにつれて、Ｓ字のような曲線を描いていくのです（図12）。

導入期は、会社からキャッシュが出ていくばかりですから、「営業活動によるキャッシュフロー」はマイナスです。またこの時期は、投資の方もどんどん進めていかなければならないのでキャッシュが出て行きます。よって「投資活動によるキャッシュフロー」もマイナスです。そしてこんな状態では、どこからか資金を調達してこなければなりません。ですから、「財務活動によるキャッシュフロー」はプラスになります。

しかし、事業が軌道にのり、成長期を経て成熟期に入ってくると、「営業活動によるキャッシュフロー」はプラスになります。このとき緊急の資金調達は減り、投資活動は一段落していますから、「財務活動によるキャッシュフロー」はどんどん減っていき、やがては返済していくことになるのでマイナスになります。

なかには、導入期にもかかわらず、「財務活動によるキャッシュフロー」がマイナスになっていることもあります。たとえば、上場したばかりの企業が、増配（株主への配当を増やすこと）を発表したときなどにも起こります。ふつうに考えれば、不思議な行為ですが、実際ときどきこのようなことが行われます。これは、どのような理由によるものなのでしょうか。

上場を果たした創業社長は、おいそれと株式を売却することはできません。つまり、上場の直接的な恩恵を受けることができないわけです。上場したのに、自分のポケットにキャッシュがあるわけではない。そこで、上場によって調達した資金を使い増配するのです。そうすれば、創業社長のポケットにもキャッシュが増えます。あくまでも推測の域を出ない話ではありますが、これから有望な事業に投資し、急成長することを期待されているような新興企業が増配を発表すると、このように勘ぐってみたくもなるわけです。

「融資」も「預金」も「投資」である

これまでの話を踏まえた上で、ここで、「いい会社」「いい企業」とはどのようなものか、ということについて考えてみたいと思います。

「いい会社」のイメージは、「給料が高い」「福利厚生がしっかりしている」「社会に貢献している」など、人それぞれだと思いますが、本書はファイナンスに関する本なので、「投資家にとっていい会社」ということに話をしぼって考えてみます。

投資家とは、「未来に利益を得るため事業などに資金を提供する人」というのが辞書的な意味でしょうが、実は投資家には二種類あります。

まず頭に浮かんでくるのは株主でしょう。しかし、投資家というのは資金提供をしてくれる人のことですから、その意味でいえば、債権者も同様に投資家です。ということは、銀行も当然投資家です。こういうと、「銀行が行っているのは投資じゃなく融資だろう」という反論が出てくるかもしれませんが、よく考えてみると、**融資は、企業に対する投資**に他なりません。銀行は企業に対して、融資という名の投資をしているわけです。これは預金についても同様で、「預金」＝「投資」、つまり預金者は銀行に対して投資をしているのです。

預金や融資という言葉が、あまりにわれわれに深く浸透しているため、これらを投資に結びつけて考えることがなかったのではないでしょうか。私自身、「債権者」として銀行に一〇年間在籍しましたが、企業に対して投資している、という考えで行動していたなら、おそらく自分の仕事に対する考え方も大きく違っていただろうと思います。

投資する以上は、必ずリターンを求めます。ハイリスク・ハイリターンの原則（これはファイナンスにおける重要な概念です。次章でくわしくお話しします）に立てば、リスクが高ければ、当然、多くのリターンを求めることになるでしょう。ところが、従来の日本の金融機関は、リスクに見合ったリターンという概念に乏しかったといわざるを得ません。本来ならば、ある程度高い金利で「融資」しなければならない取引先に対しても、驚くほどの低金利で融資を行っていたという例はたくさんありました。

銀行員だった私がそうなのですから、ふつうの人からすれば、「預金」と「投資」を結びつけて考えるのは、より困難でしょう。もし、「預金」＝「投資」と理解すれば、自分が預金している銀行の金利が他行よりも高い場合、それを「ラッキー！」と捉えるのではなく、「もしかしたら、この銀行は、倒産するリスクが高いんじゃないか？　これだけ高い金利をつけなくては、お金を集めることができないんじゃないか」という発想だって生まれるはずです。そうなれば、目先の利回りばかりに目を奪われて、後で泣きを見る、なんてこともありません。ハイリターンの裏にはハイリスクあり、というのは世の常です。

「無借金経営」は債権者の発想

話をもどすと、投資家には、株主と債権者の両方があります。そして、両者にとって、「いい会社」「いい企業」の定義はそれぞれ違う――このことをまずは押さえてください。

株主には、企業の成長性を重視する傾向があります。つまり、売上がどんどん上がっていくことを求めているのです。そのためには、ある程度有利子負債を増やすのもやむなし、と考えています。

一方で、債権者は企業の安定性を重視します。それゆえに有利子負債を増やしたがりません。これも私が銀行員だったときの話ですが、借入が少なく、業績好調な取引先に対して「ヨソの銀行から借りないでウチから借りてよ」なんてことをいつも思っていました。このように、銀行員というものは、有利子負債、つまり借入がない企業、倒産しないであろう企業に貸したいと思うわけです。

新聞の経済面などで、「バブル期に比べて、有利子負債が減った」などという記述をよく目にしますが、バブル経済によほど懲りたのでしょうか、新聞の論調も安定性を重視する傾

図13　損益計算書と利害関係者との関係

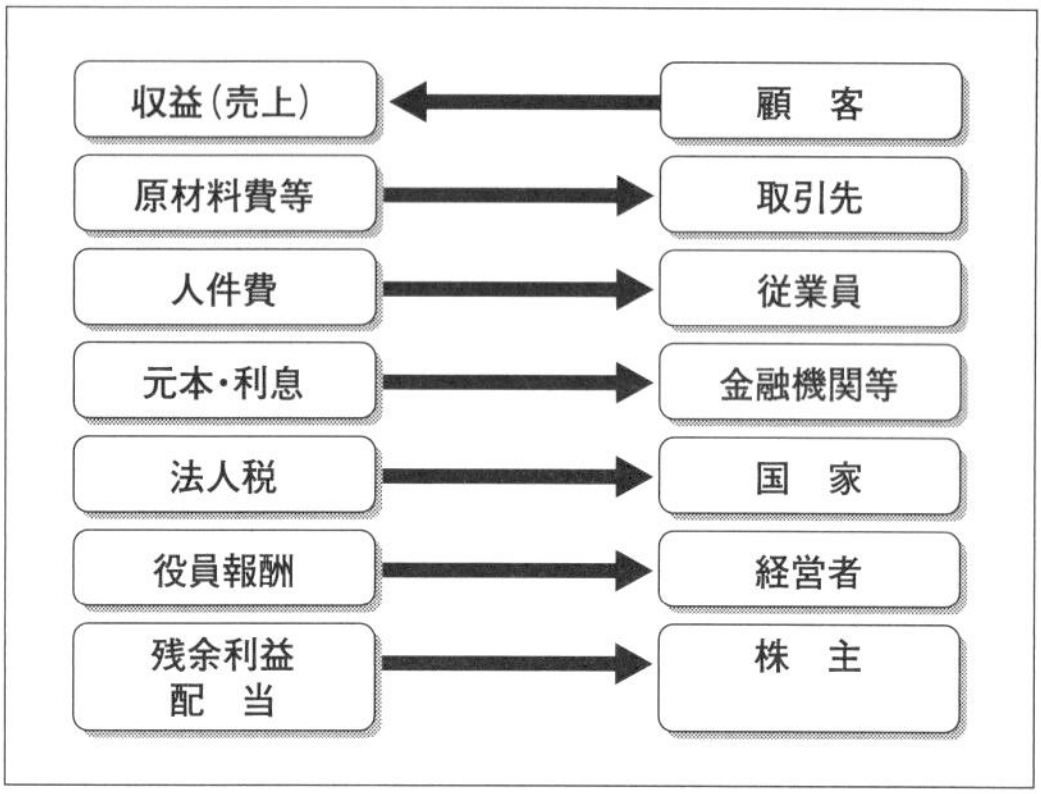

向にあるようです。

また、よく「あの会社は無借金経営だからいい」などということがいわれますが、ここまで読んでこられた方なら、それが、あくまでも債権者の視点であるということがお分かりになるのではないでしょうか。

株主と債権者のマインドの違い

それでは、なぜ、株主は成長性を重視し、債権者は安定性を重視するのでしょうか。これを考えるにあたって、損益計算書と利害関係者との関係について考えることにします。

企業の利害関係者には、顧客や仕入先、従業員、債権者、国や株主などといった人や組織があります。経営者は顧客に製品や商品、サービスを提供することによって売上を上げ、そして仕入先に、原材料を調達する代わりに、売上原価という形でコストを支払っているわけです。この売上から売上原価を差し引いたものが粗利です。

次に、この粗利の中から従業員などの給料やさまざまなコスト、つまり販管費を支払います。さらに営業利益から債権者に対して支払利息を支払ったうえで、国や地方自治体に対して税金を支払います。そして、**最後に残ったものを受け取るのが株主**なのです。

この流れを考えると、株主が「とにかく売上を上げてくれよ」というマインドになるのも理解できます。そうしないと、自分たちに利益が回ってこないからです（株主の場合、損失は出資金までですから限定的、利益はその反面、青天井ということになります）。

ところが債権者というのは、同じ投資家でも、この流れにおいて、株主よりも優先順位が先に来ます。なおかつ利息、つまり債権者にとってのリターンは、借入をする時点であらかじめ契約によって決まっています。ですから、企業がどれだけ売上を上げようが関係がありません。よって、成長して売上をどんどん伸ばしていったり、ハイリターンを求めてリスキーな投資をするよりも、堅実に売上を上げることを求めるマインドになるわけです（もちろん、売上が下がって倒産なんてことになれば、債権者は利息はおろか元本まで回収できなく

図14　投資家（株主と債権者）による違い

なりますが）。

このように同じ投資家でも、**成長性を重視する株主と、安定性を重視する債権者**という図式が生じることをご理解いただけたでしょうか。

経営者の役割とは？

ところで、株主重視の経営は従業員を軽視している、などということがよくいわれます。しかし、決してそんなことはありません。

というのも、株主は利益配分の流れの中で最後に位置するわけですから、株主にとっての利益を最大にすることによって、川上に位置する従業員にも恩恵がもたらされるからです。

企業にとって一番重要なことは、事業の継続です。ドラスティックにコスト削減やリストラを行って短期的に株主の利益を増やしたところで、それは事業の継続性という観点からすれば、自分で自分の首を絞めることにつながりかねません。その意味で、つねに最適な配分が行われなければならないわけです。そして、これを可能にするためにうまく舵取りを行うのが、株主の代表とも言える経営者の役割ということになるのです。

第2章　ファイナンス、基本のキ

三つの意思決定に関わること

お待たせいたしました。ここからいよいよ本格的にファイナンスの話に入っていきます。

みなさんはファイナンスと聞いて、どんなイメージをお持ちでしょうか。

ファイナンスに関する知識をお持ちでない方の答えとして最も多いのは、「資金調達」です。これはどうやら、消費者金融の名称に「〇〇ファイナンス」というのが多いからのようです。実際、『広辞苑』（第五版　岩波書店）の項目にも、「資金調達」との説明があります。

もちろん「資金調達」は、ファイナンスにおける重要な仕事の一つです。

もう少し、事情を知っている人は、ファイナンス＝資金運用、と答えるでしょう。これも正解です。

しかし、資金調達や運用ばかりがファイナンスではありません。そこで、最初にファイナンスとはどんな事業活動に関係があるのか、これから見ていきましょう。

企業は事業活動を行っている――このことは誰も否定しないですよね。では、事業活動とは何か、これを突き詰めて考えると、「何かに投資する」ということになります。たとえば、モノを作るためには、原材料を買う必要がありますし、工場や機械も必要でしょう。これら

図15　コーポレートファイナンスの理論

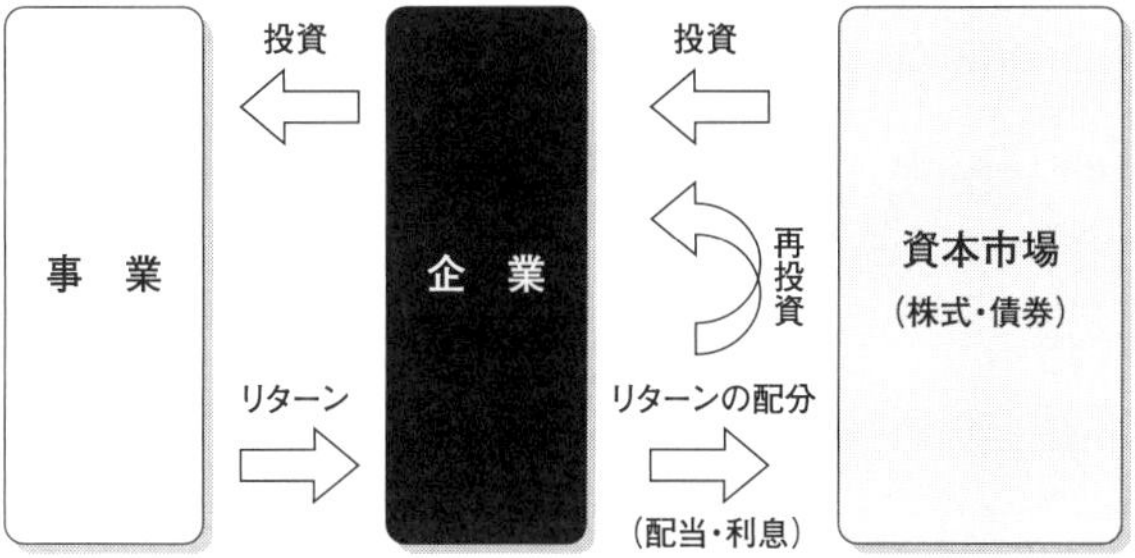

を動かすにはお金が必要です。このように事業活動を行うためには、何かにお金を投じること（投資）が必要です。この投資に関する意思決定、これがファイナンスの扱う主な領域の一つなのです。

何に投資するかということを決めた際に、次に問題になってくるのは、お金がいくらかかるのか、ということです。それが分かったら、今度はそのお金をどのように、どういう形で調達してくるのか、ということが問題になってきます。

ここで、バランスシートの右側の項目を思い浮かべてください（22ページ図3参照）。有利子負債で調達するのか、それとも資本で調達するのか。言い換えれば、銀行から借入するのか、それとも株式を新たに発行して、株式市場から増資という形で調達するのか――こうした資金調達に関する意思決定もファイナンスが扱う領域です。

そして、調達した資金を、事業活動に投資することによって、今度は運用します。で、運用した結果、お金が戻ってきたら、今度はそれを資金を提供してくれた投資家に返します。投資家には二種類あることは、すでにご説明しましたね。そうです、株主と債権者です。

しかし、運用した結果得たお金をすべて投資家に返すわけではありません。「返さない」という選択肢だってあるわけです。もちろん投資家のうち、債権者には利息を返さないといけません。けれども株主には返さず、運用して得たお金を、再度投資に回す、ということもできるのです。こうした、配当に関する意思決定、あるいは、配分に関する意思決定というのも、実はファイナンスが扱う重要な領域なのです。

要するにファイナンスとは、**投資に関する意思決定（投資の決定）**と、**その投資に必要な資金調達に関する意思決定（資金の調達）**と、**そして運用して得たお金をどう配分するかという意思決定（配当政策）**、これら三つの意思決定に関わるもの、ということです。ここをまず押さえていただきたいのです。そして、これらは、ファイナンスの中でも、コーポレートファイナンス、つまり企業財務と呼ばれる分野です。

図16　コーポレートファイナンスの3つの役割

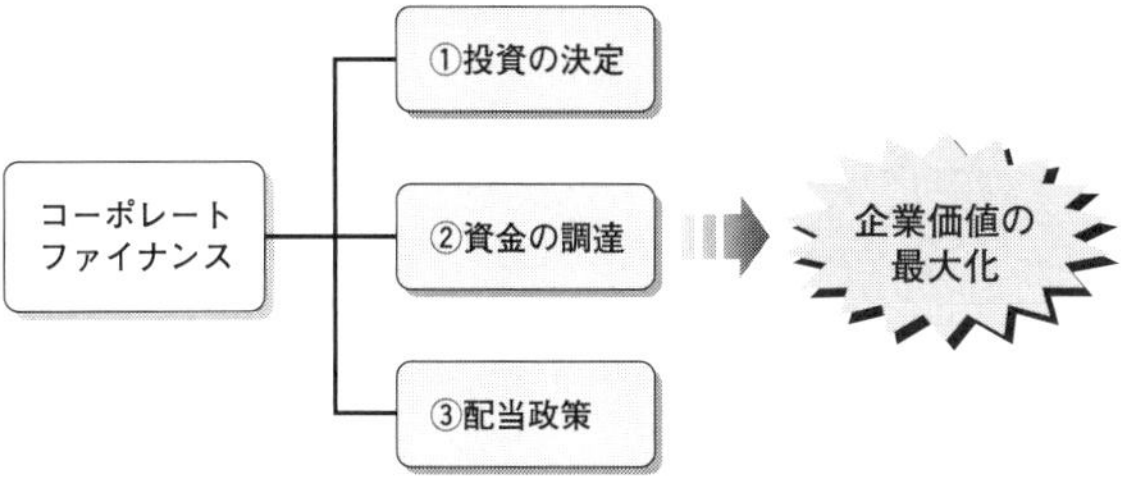

利益重視の落とし穴

それでは、三つの意思決定の目的は何かというと、**企業価値の最大化**です。この企業価値という言葉、目にする機会も多いと思いますが、「誰にとっての価値なのか」という議論は、残念ながらあまりされていないようです。

ファイナンスにおける企業価値、それは「投資家にとっての企業価値」です。しつこくくりかえしますが、投資家とは株主と債権者です。資金提供者である投資家にとって、企業価値を最大化するためにはどうしたらいいのか、それを経営者は日々考え、それを実現するための意思決定を行っているわけです。だからといって、経営者は、株主と債権者の方ばかり向いていていいはずがありません。投資家を含めたその他の利害関係者の間において価値の最適な配分が行われなければ、企業は継続していかないからです。

本書の冒頭で、会計とファイナンスでは扱うものが違う、というお話をしましたね。覚えていらっしゃいますか？　そうです、利益とキャッシュです。先ほどはさらっと触れただけのこの話について、ここで少しくわしく見ていくことにしましょう。

これまで日本の企業では、会計上の利益が重視されてきました。売上をどれだけ増やすか、ひいては、利益をどれだけ増やすかということに経営者は注力してきたのです。この傾向はだいぶ下火になったとはいえ、現在でも根強く残っています。現に、「××年連続増収増益！」などと聞くと、「あの会社ってすごいんだな」と思ってしまいます。

では、利益とキャッシュはいったいどこが違うのでしょうか。第1章の冒頭でもお話ししましたが、それについて再度確認することにします。

ここでわかりやすい例を挙げましょう。もし、あなたが、一台200万円のクルマを売らなければ、その月のノルマを達成できないとします。顧客のなかに一人、買ってくれそうな人がいるのですが、高い買い物ゆえ、どうしても踏み切れないでいる。そこで、あなたは、「お客さん、支払いは三年後でいいから、いまクルマ買ってくださいよ」と頼みます。するとこのお客さん、「わかった、三年後でいいんだね、だったら買うよ」と返事をする。こうして見事契約が成立。あなたは、200万円の売上を上げて、ノルマを達成することができました。めでたし、めでたし。

ん？　この結末って、ほんとうにめでたいのでしょうか。

仮にクルマを売るのにかかった費用が、クルマ本体や人件費など、すべて込みで１５０万円としましょう。売上を計上した時点で、その売上にまつわる費用も計上されますから、そうすると、この時点で、２００万円引くことの１５０万円、つまり50万円の利益が上がったことになるわけです。

では、手元にいくらキャッシュが残ったでしょうか。あれ？　１円も残っていません。残らないどころか、１５０万円の費用がかかっているから、逆にマイナス１５０万円です。これでは、たちまち資金繰りに困ってしまいます。そして、こういう状況が続けば、いわゆる「黒字倒産」に陥ってしまいます。

まあ、これはちょっと極端な例ですが、実際利益を重視しすぎると、このような落とし穴が待ちかまえているのです。

会計からファイナンスへ

ところが近年では、こうした利益重視の経営、ひいてはそれをもたらす会計の限界が叫ばれるようになりました。その理由のひとつとしては、簿価が実際の価値とは異なるような会計的な手法はビジネスの実情にそぐわない、ということが挙げられます。簿価というのは、バランスシートに載っている取得原価のことですが、これは買ったその時点の金額のままで載っているので、いま現在の価値とは異なっています。世の流れとして時価会計が導入されていますが、それでもまだ不十分です。「会計限界説」の背景には、このような事情がまずあります。

さらに、すでにお話ししましたように、国によってルールがまちまちだったり、経営者によって恣意的に操作されたりする危険性も、会計にはあるわけです。

企業価値の向上が経営における至上命題だとするならば、その企業価値の源泉というものを考えた場合、利益だけをいくら上げても意味はありません。利益よりもキャッシュの流れ、すなわちキャッシュフローを考えることが重要になってきているわけです。それゆえに現在では、会計よりもファイナンスの方に力点が移っているように思うのです。

またこれも第1章で、ファイナンスと会計における時間軸の違いという話をしましたけれども、トップマネジメントというのは、企業価値の向上という観点から、常に現在と未来のバランスをとりつつ、どう会社の舵《かじ》取りをしていくか、ということを考えなければなりません。

短期的な業績を追うのなら、現在の投資を我慢して、手元に現金をできるだけ持っている方がいいのでしょうが、長期的に考えるなら、投資なくして企業価値の創造はあり得ません。もちろん、だからといって、過大な投資に走ると、結果的には会社の将来に禍根《かこん》を残すことにもなります。

ともあれ会計は、企業の「過去」に視点を置いているのに対して、ファイナンスは、「現在から未来」に視点を置いています。その意味で、現在はファイナンスの重要性が高まっているといえるのです。

「危機」という言葉の本来の意味

ファイナンスの重要性について認識していただいたところで、これから、ファイナンスにおける重要な考え方について、いろいろとお話ししていきます。多少難しい話も出てきますが、くりかえし読み返すなどして、理解してください。

まずは、リスクについてのお話です。

リスクと聞くと、どちらかというとネガティブな印象を抱きがちです。特に、ビジネスにおいて「リスク」という言葉を耳にしたときには、経営上これから起こり得るであろう、不測の事態のようなものを思い浮かべると思います。たとえば出版社ですと、名誉毀損《きそん》などで数百万円もの賠償金を請求されるとか、創刊した雑誌が売上不振で休刊になるとかいったことが考えられます。

しかし、リスクとは本当にネガティブな要因だけを表す言葉なのでしょうか。実は私はアメリカのビジネススクールで学んでいたとき、このリスクという言葉について、目からウロコが落ちるような経験をしました。

それはファイナンスの授業のときでした。教授がスライドに「危機」という漢字を映し出し、「リスクというのは、この『危機』という東洋の漢字が一番その本質を表しているよ」という説明をしたんですね。つまり、リスクというのは、**危険、つまりデンジャーと、機会、つまりオポチュニティというものを、両方表している**ということなのです。

実際、とくにファイナンスで扱うリスクには、危険もあれば機会もあります。つまり、プラスやマイナスの観点よりも、どちらかというと、何が起こるかわからない、将来の「不確実性」のようなものを表しているのです。

これに関して、私が日産でリスクマネジメントを担当していたときのことが思い出されます。

　あるとき私は上司と一緒に、日産全体のリスクについて洗い出し、それをゴーンCEO（最高経営責任者）に説明に行きました。すると、ゴーンCEOは、私たちが作成したリスクマッピングを一瞥《いちべつ》してこういったのです。

「リスクがない会社なんかあるわけない！　あるとすれば、そんなのは死んだ会社だ」

　ゴーンCEOはリスクマネジメントに力点を置きすぎることによって、組織が官僚的になるのを恐れて、このような発言をしたのです。実際、経営者というのは、何一つ確かなことなどない将来を見据えて、日々、意思決定しているのですから、事業活動を行う上において、リスクテイクしなければリターンも得られないというわけです。

　しかし、私の上司はゴーンCEOに対して、次のように切り返しました。

「リスクマネジメントは、ブレーキではありません。むしろ、ABS（アンチ・ブロック・システム）か、エアバッグです」

　上司がいいたかったのは、こういうことです。リスクマネジメントは、ABSのように衝突をできるだけ回避するためのものであり、かつ、エアバッグのようにいったん衝突してしまった場合にはできるだけダメージを少なくするものである――なかなか言い得て妙のメタファーです。

私たち実務レベルの人間は、リスクとどのように向き合えばいいのかを考えるべきです。それは結局、「リスクを避けることではなく、実際にリスクに見合ったリターンを上げているのか」を考えることです。リスクに見合った、あるいはそれ以上のリターンを上げるということが重要なのです（リターンについては、もう少し後でご説明いたします、ここでは「投資したものが生み出したもの」くらいにお考えください）。

そのためには、リターンサイドばかりに目を向けるのではなく、それを得るために、どういったリスクを取っているのかという、そのバランスに目を向けることが大切なのです。

将来の不確実性

ここで、リスクの本質について考えることにしましょう。

図17は、一九九七年五月から二〇〇四年五月にかけての、アマゾン・ドット・コムの株価の推移です。これは日時リターン、つまり、日によってリターンがどのように変動したのか、ということを表しています。まさに、乱高下しています。

こういうものを目《ま》の当たりにすると、株は非常にリスクが高いのではないか、とネガティ

図17　アマゾン・ドット・コム株価の日次リターン

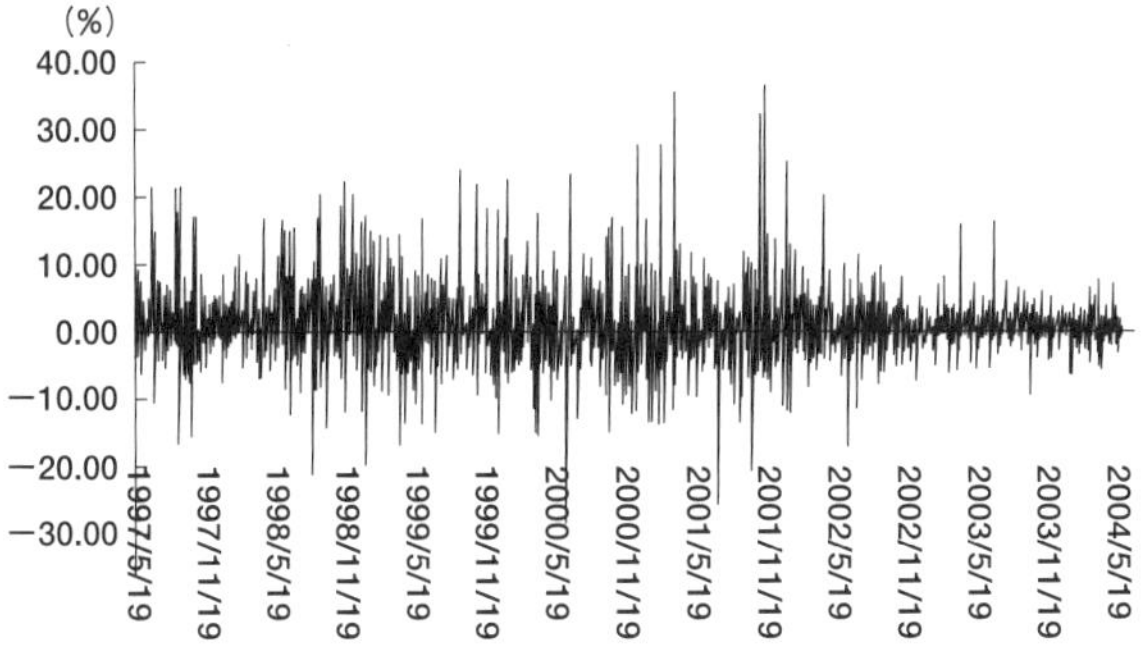

ブに考えてしまいがちです。ところが、リスクには「危険」と「機会」の両方の意味合いがあることを考えれば、株価が下がっても、リスクが高いということにはなりません。なぜなら、この株が将来下がると分かっていたら、しかも確実に下がると分かっていれば、それを見越して利益を上げることが可能だからです。

あなたは「空《から》売り」という言葉をお聞きになったことはあるでしょうか。これは、将来の株価下落を予想して、株式を証券会社から借り、それを高値で売っておき、将来安くなったところで株式を買い戻し、証券会社に株式を返却する取引です。結果的に、高値で売って、安値で買うことになりますから、その差額が儲けになるわけです。

といっても、実際にやったことのない人にはピンとこないかもしれません。そこで、具体的な例を挙げることにしましょう。ここでは、話を簡単にするために、手数料や金利などは考慮しないことにします。

まず、５００円の値がついている株を一株借ります。それを市場で、５００円で売ると、５００円のキャッシュが手に入ります。その際に、六カ月後にその株を返却するという契約を証券会社と結んでおき、六カ月後に株価が３００円に下落すれば、今度はその株を３００円で買って、証券会社に返却します。ということは、５００円で売って３００円で買っていますから、結局差し引き２００円の利益を生むわけです。

つまり、将来株価が確実に下がると分かっていれば、こういう形で前もって準備することができるのです。

こうしてみると、株価が下がる＝リスクが高い、とはなりません。それよりも、株価が将来どうなるかが分からない、そういう「不確実な状態」をリスクと考えるわけです。そして、ファイナンスでは、金融資産の価格変動が大きければ大きいほど、「リスクが高い」と捉えます。ここまでの話で、ファイナンスにおけるリスクの本質が、**「将来の不確実性」**にあり、

図18　リスク

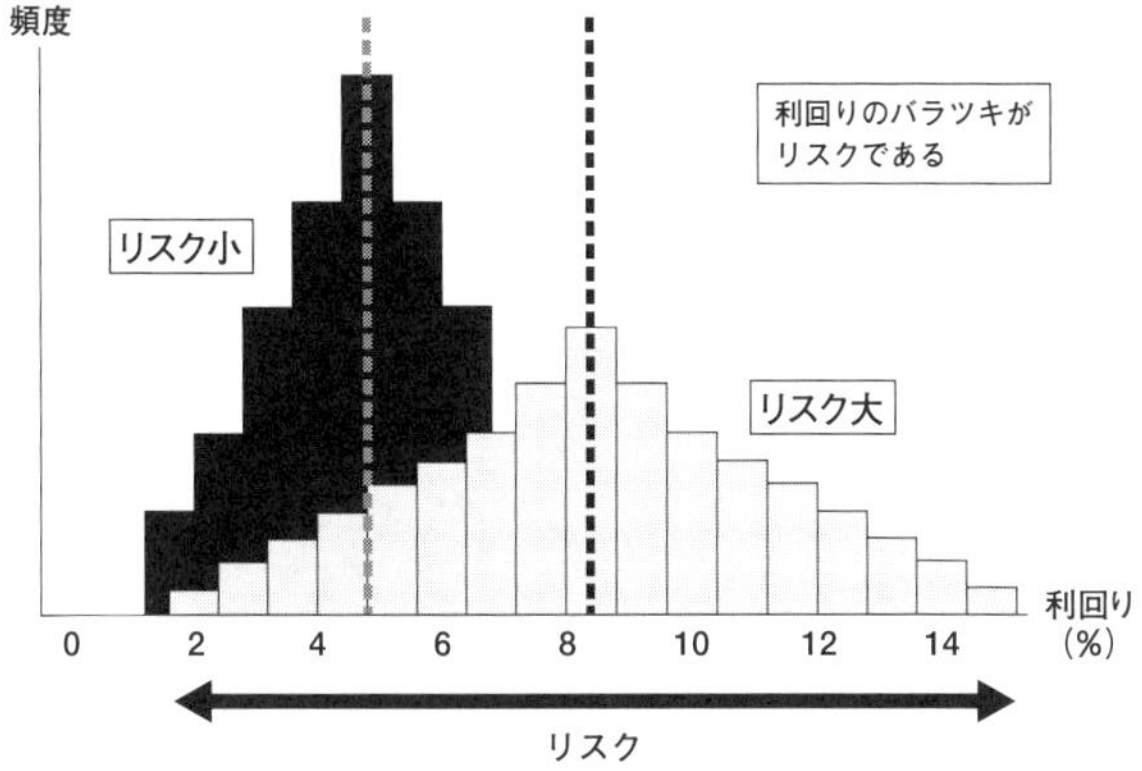

そして「**バラツキ**」**にある**ということを確認いただけたかと思います。

リターン＝利回り＝収益率

リターンという言葉をここまであいまいに使ってきましたが、ファイナンスにおけるリターンにはちゃんとした定義のようなものが存在します。

リターンは、「利回り」と同じ意味です（「収益率」も同じです）。みなさんは、「利回り」の方がなじみがあるかもしれませんね。

では、「利回り」とは何でしょうか。それは、**投資した元本に対して一年当たりどれだけの収入が得られるかという割合**を示すものです。

いかがですか。理解できましたか。えっ？　ピンとこない？　では、次の問題を解きながら、その意味を考えてみることにしましょう。

あなたは、４００円で購入したX社の株式を一年後６００円で売却しました。あなたにとっての利回りはいくらでしょうか（ただし、この一年間で配当などはなかったものとします）。

これは株式投資におけるリターンについての問題ですね。ここで、まず浮かんでくるのは、

600円－400円

という計算式だと思います。その結果出てきた２００円という数字、これは株を売却したことで得た収入です。「利回り」を計算する場合、その収入を得るために、どれだけのものを投下したか、ということを考えるわけです。

この２００円を得るためにいくら投下したかというと、４００円です。したがって２００

を400で割って0・5、つまり50％がリターンということになります。これを数式で表すと、次のようになります。

$$\frac{600-400}{400}$$

【利回りの計算式】

$$\text{利回り（リターン）} = \frac{\text{収入（キャッシュイン）}}{\text{投下資本}}$$

ファイナンスにおけるリターンには、すべてにおいて、この「何かを得るために何を使ったのか」という考え方が根底にあります。実際にリターンを計算する場合には、「獲得したものを、その獲得のために使ったもので割る」わけです。このことを頭に入れておいていただきたいと思います。

期待収益率

次に、期待収益率について考えてみましょう。この期待収益率は後の話に大きく関わってくるので、ここでしっかりと理解しておいてください。

期待収益率は、「予想収益率の期待値」と定義することができます。といっても、理解しづらいと思うので、例を挙げてご説明しましょう。

たとえば、あなたが株式に投資するにあたって、利回り（＝収益率＝リターン）を次のように予想するとします。２％になる確率は全体の60％、６％になるのは20％、８％になるのは20％。このとき、あなたの期待収益率は、それらの予想収益率の期待値、すなわち、それぞれの収益率とその発生確率とを掛け合わせて、加えたものになります。

実際に計算すると、

2％×60％＋6％×20％＋8％×20％＝4％

ですね。この４％という数字には、投資家であるあなたの、「私はこれくらいリスクを取るのだから、これぐらいのリターンは欲しい」という期待が込められています。このことを

図19　ハイリスク・ハイリターン

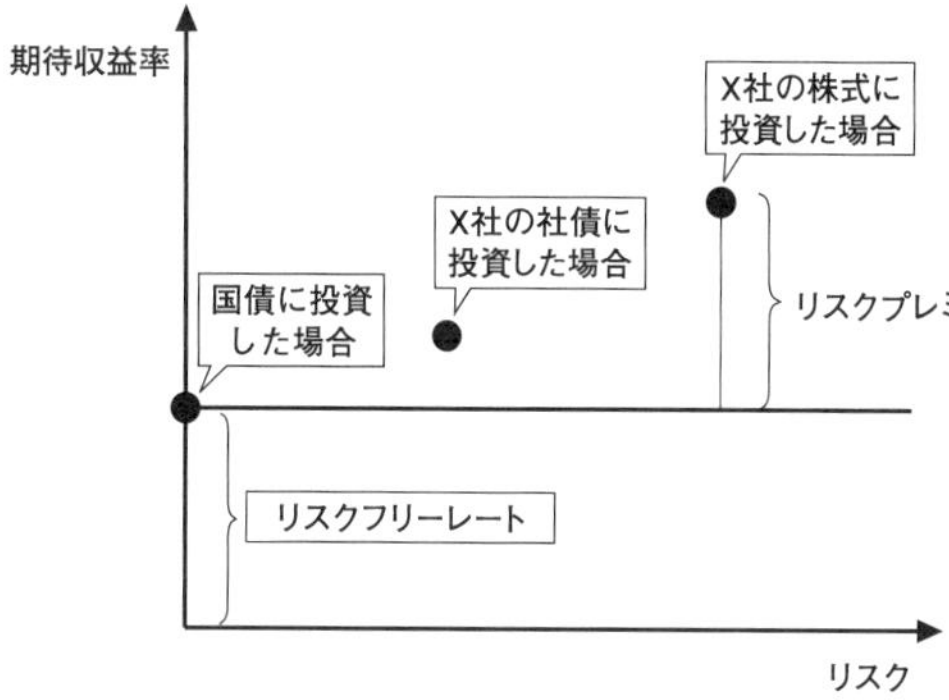

伊藤洋・著、インテラセットグループ・監修『財務コーチング』（東洋経済新報社）を参考に作成

頭に入れておいて、読み進めていただければと思います。

ハイリスク・ハイリターン

さてファイナンスで、私たちが知っておかねばならない重要な概念というのは、それほどたくさんはありませんが、やはり一般の方にもなじみがあるのは、「**ハイリスク・ハイリターン**」という概念だと思います。その意味するところは、「リスクが高いのであれば、高いリターンを求めるよ」ということです。

ここで図19をご覧ください。この概念図の場合、横軸がリスクで、縦軸が期待収益率、すなわち期待するリターンです。

この図に「リスクフリーレート」という言

葉がありますね。国債に投資する場合、つまりリスクがない場合、――日本の国債が果たして本当にリスクフリー（リスクなし）なのかどうかはともかく――、**投資家が国債投資に期待する利回りを、リスクフリーレート**（無リスク金利）、といいます。

次に、同じくこの図に出てくる「リスクプレミアム」についてご説明します。

ある会社（図ではX社）の社債に投資する場合、国債に比べるとリスクが少し高くなります。「ハイリスク・ハイリターンの原則」からも、国債に投資するよりも、当然多くのリターンが求められます。そしてさらに、X社の株式に投資する場合は、X社の社債に投資する場合よりも、リスクはもっと高くなります。そうすると当然のことながら、リターンに対する期待（要求）も大きくなります。

X社の株式に投資した場合の、このリスクフリーレート以上に求める部分を、**リスクプレミアム**と呼びます。これは、リスクのある資産に投資したことによって得られるリターンから、リスクフリーレートを引いたもののことで、いわば、**リスクをとることに対する報酬**といえます。

図19でいうと、X社の株式に投資した場合の期待収益率は、リスクフリーレートとリスクプレミアムの二つを足したものになります。

ところで、X社の社債とX社の株式は、同じ会社のものなのに、なぜリスクが違うのでしょうか？

それは、社債が金融機関からの借入と同様に、あらかじめ契約によってリターンが決まっているからです。もちろん、最終期日には元本も合わせて償還（＝返済）しなければなりません。一方、株式の場合、企業の業績が悪ければ、配当が行われなかったり、株価が下がったりします。リターンが確約されていないわけです。こう考えると、社債が、株式よりもリスクが低いというのもご理解いただけるかと思います。

このことを踏まえた上で、もう一度図19をご覧ください。社債と株式とでは、後者の方が「ハイリスク、ハイリターン」であることがお分かりになるのではないかと思います。

負債コスト

企業が事業を行うには、資金が必要です。したがって、企業は銀行からの借入や株式の発行など、何らかの形で資金を調達してくる必要があります（資金調達については22〜24ページをお読みください）。当然のことながら、この資金調達には、相応のコストが発生します。

この場合のコストとは、なんでしょう。まず頭に思い浮かぶのは、銀行などの債権者に対して支払う利息ではないかと思います。債権者は、融資に対するリターンとして利息の支払を要求してきます。これは、企業にとってはコストになるわけです。この、**債権者が要求するリターンのことを「負債コスト」といいます。**

負債コストというのは、債権者からすれば、経営者に要求するリターン（＝期待収益率）、一方の経営者からすれば、この先銀行などから借入をする場合、あるいは、社債を発行する場合、何％で調達できるかを表した数字です。たとえば、社債をすでに発行している企業であれば、その社債の流通利回りを負債コストと考えればいいわけです。本来の意味からすれば、負債コストは、これから借入をする場合のコストです。しかし実務では、便宜的に、過去の有利子負債の調達コストを負債コストの代用としています。

株主資本コスト

債権者が要求するリターンである「負債コスト」に対し、**株主が要求するリターンを「株主資本コスト」といいます。**

株主資本コストというのは、経営者にとってはコストですが、株主にとってはリターンです。この会社の株式に投資するからには、これだけのリターンは要求（＝期待）したい、というものです。

しかし、負債コストははっきりとした数字が出てくるので分かりやすいのですが、株主資本コストの場合、それぞれの株主によってリスク認識が違い、要求するリターンも違ってくるため、それを考慮に入れて数字を出す必要があります。たとえば、ある株主が、「この企業はそんなにリスクはない。だから、これくらいのリターンがもらえればいい」と考える一方で、別のある株主は、「オレはこの企業の将来の業績は不安定だと思う。だから、このくらいのリスクプレミアムをもらわないとやってられない」と考えます。こうしたそれぞれの株主の期待収益率（＝経営者にとっての株主資本コスト）を、計算する上で反映させなければならないということです。

株主資本コストの求め方には、いくつか方法が存在しますが、ＣＡＰＭ（Capital Asset Pricing Model「キャップエム」と発音します）という理論が現在最も多く使われています。なぜなら、これは非常にシンプルな考え方だからです。しかし、シンプルということは、それだけ多くの前提を必要としており、そのため実際の市場からかけはなれた部分もあるということです（このことについては、後ほどくわしくご説明します）。ちなみに、ＣＡＰＭを考えたアメリカのウィリアム・Ｆ・シャープは、この業績を評価されて、一九九〇年にノー

【株主資本コストの計算式】

株主資本コスト＝リスクフリーレート（2%）
＋β×マーケットリスク・プレミアム（5%）

ベル経済学賞を受賞しています。

株主資本コストの計算式

では、まず計算式から。株主資本コストは、リスクフリーレートに、リスクプレミアム〈ベータ（β）×マーケットリスク・プレミアム〉をプラスすることで求められます。

リスクフリーレート、覚えておられますか？　国債に投資した場合に投資家が期待する収益率のことでしたね。

βというのは、株式市場全体の変動に対して、その会社の株式がどれだけ連動するかというものを表した数字です（株式市場とまったく同じ値動きをする株式のβを1と考えます）。これは、早稲田大学が運営する「資本コスト」というウェブサイトで、企業名を入力すれば、簡単に調べることができます。

マーケットリスク・プレミアムというのは、株式市場全体のリターンとリスクフリーレートの差を示すものです。ここで株式市場全体とありますが、これはたとえば日本でしたらＴＯＰＩＸ（＝東証株価指数）、アメリカでしたらＳ＆Ｐ５００など、市場全体の株価の動きを表す指数のことです。

たとえば、あなたが、このＴＯＰＩＸ（インデックスファンド）に投資したとします。そのときのあなたの期待収益率は、国債利回り（＝リスクフリーレート）よりも高いはずです。なぜなら、あなたはそれだけのリスクをとっているからです。このリスクをとっていることによる報酬分（＝リスクプレミアム）をマーケットリスク・プレミアムというわけです。ＴＯＰＩＸ（インデックスファンド）に投資するのは、日本の株式市場全体に投資するのと同じことです。したがって、リスクが分散されているということから、個別の株式に投資するよりも、安全といえるかもしれません。ただし、その期待収益率が、リスクフリーレートでは、あなたは納得しないはずです。

私が実際にＣＡＰＭで株主資本コストを計算する場合、使うリスクフリーレートは、ざっくり２％と仮定しています。もちろん、これが正解というわけではありません。ひと口に国債といっても、短期・中期・長期などさまざまな期間のものがあります。一般的には、一〇年の長期国債の利回りを使いますが、現在のものを使うのか、それとも過去の平均を使うのか、という問題もあります。したがって、「唯一絶対の正解などない」と考えていただいた方がいいかもしれません。

マーケットリスク・プレミアムもこれと同様です。TOPIXのリターンといっても、その期間の取り方によっても違ってきます。ましてや、マーケットリスク・プレミアムは、TOPIXとリスクフリーレートとの差です。そのため、リスクフリーレートが五年ものなのか、あるいは一〇年ものなのか、によってもまた違ってきます。

したがって、いろいろな考え方はあるのですが、私の場合は、ざっくりと、リスクフリーレートについては2%、そしてマーケットリスク・プレミアムについては、日本の場合は5%と仮定して、あとはβを入力するだけということで計算しています。あくまでも、株式市場では、企業に対して、どの程度の収益率を期待しているかを把握するためのものだと割り切って、このCAPMを使っているわけです。

βの考え方

βについて少し補足説明しましょう。図20をご覧ください。市場全体（=TOPIX）の値動きに対して、X株は激しく動いていますね。反対にY株はほとんど連動していません。株式市場とまったく同じ値動きをする株式のβは1ですから、X株の場合は市場全体よりも値

図20　個別株式のリスクの考え方

個別株式のリスクは、株式市場全体との相対的な関係で評価する

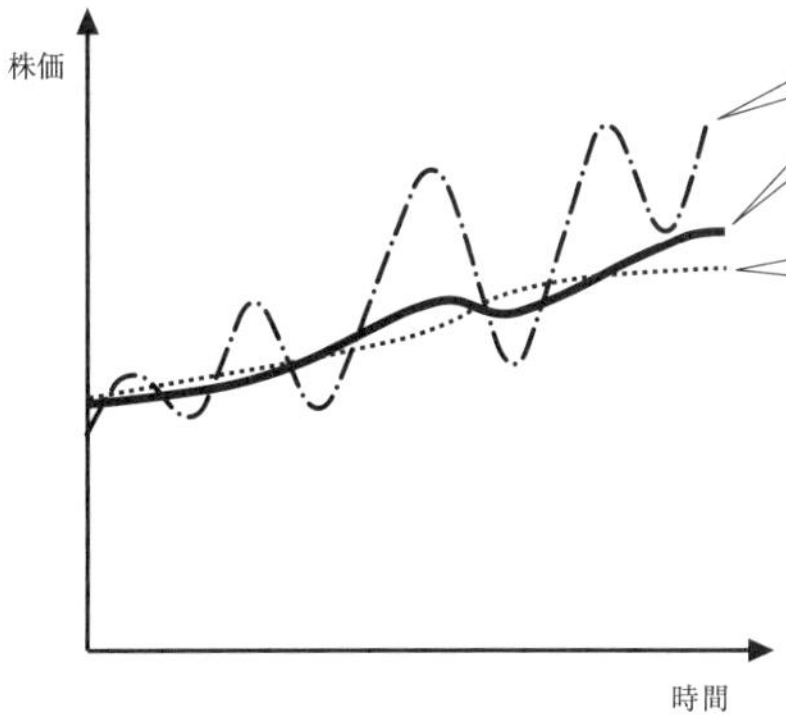
X株：株式市場全体の値動きとの乖離が大きく、相対的にリスクが大きい
市場全体（＝TOPIX）
Y株：株式市場全体の値動きとの乖離が小さく、相対的にリスクが小さい

株式市場に対する相対的なリスクをβ（ベータ）という指数であらわし、株式市場と全く同じ動きをする株式のβは1とする

X株：β＞1
Y株：β＜1

伊藤洋・著、インテラセットグループ・監修『財務コーチング』（東洋経済新報社）を参考に作成

動きが大きいのでβは1より大きい、Y株の場合は市場全体よりも値動きが小さいのでβは1より小さい――これがβの基本的な考え方です。

整理するためにくりかえしますと、株の動きが、市場全体の動きとまったく同じであればβは1。市場全体の動きよりも大きい場合はリスクも高いと考え、βは1より大きく、市場全体の動きよりも小さい場合はリスクも低いと考え、βは1より小さくなるわけです。

また、βが1より大きくなっていくにつれて、株主資本コストもどんどん高くなっていきます。たとえば、βが2ということは、市場全体の収益率が10％増加した場合、当該株式の収益率は2倍の20％増加するということを意味します。反対に、市場全体の収益率がマイナス10％の場合は、当該株式の収益率はマイナス20％になることを表しています。これがβについての基本的な考え方です。

この数字は、先ほどもお話ししました通り、早稲田大学が運営する「資本コスト」というウェブサイト（https://costofcapital.jp/）で調べることができます。例えば、日産自動車のβ（過去5年間の月次リターン）をこのサイトで調べると、1・73（二〇二四年五月三一日現在）です。β＝1・73という数字は、TOPIXが±10％動くときに、トヨタ自動車の株価が±17・3％値動きする傾向であることを示しています。

CAPM理論の限界

では、この数字を元に、二〇二四年五月三一日現在の日産自動車の株主資本コストを求めてみることにしましょう。リスクフリーレートは2％、βは1・73、そしてマーケットリスク・プレミアムは5％と仮定して計算します。

$$2\% + 1.73 \times 5\% = 10.65\%$$

こうして日産自動車の株主がどれぐらいの収益率を期待しているのかということが求められるのです。このようにＣＡＰＭ理論を使えば、簡単に株主資本コストを求めることができ、実際多くの金融機関が、この理論に基づいて株主資本コストを計算しています。

しかし先ほども少し触れたように、実際の市場からかけはなれた部分もあることは否めません。企業のリスクをβという一つの要因（＝シングルファクター）だけで表せるのか、という疑問も出されており、実際に、「株式の収益率は、β以外の変数によって説明可能である」という研究結果もあるくらいです。

世界的な投資家で慈善家でもあるアメリカのウォーレン・バフェットは、『バフェットからの手紙』（ローレンス・Ａ・カニンガム著、増沢浩一監訳　パンローリング）の中でこのように述べています。

「企業の所有者、すなわち株主たちにとって、学者たちのリスクのとらえ方はまったくもって的外れで、ばかばかしいほどです」

よく、ビジネススクールを卒業したばかりの人間を揶揄《やゆ》して、こういわれることがあります――「金槌《かなづち》を初めてもった子供はなんでも叩きたがる」。つまり、何かとファイナンス理論を振りかざす傾向にあるというわけです。このＣＡＰＭという理論もしかり。決して万能ではなく、ご説明したような限界があることを念頭において使っていただければと思います。

資本コスト

ここまで「負債コスト」と「株主資本コスト」について見てきましたが、企業が債権者や株主に支払うこれらのコストを、**「資本コスト」**といいます。この資本コストこそが、ファイナンスの中でもっとも重要な考え方のひとつといえます。

これを説明するために、まずは投資家の気持ちになって、私がこれからお話しすることを考えてみてください。

あなたは銀行融資や社債という形で、企業に投資をするとします。企業にとってみれば、銀行借入も社債も同じ有利子負債（デット）です。

あなたがこの企業からどういう形で、資金提供の見返りを求めるかというと、銀行融資であれば利息、社債ですとクーポンということになります。

社債を購入したことのない方には理解しづらいかもしれませんが、企業が債券を発行した場合、額面（＝元本）以外の利息分はクーポン券（日本語では利札《りふだ》）になっています。たとえば、五年満期の社債で年に二回利息が支払われるという場合、一〇枚のクーポンが発行さ

図21　資本コストのイメージ

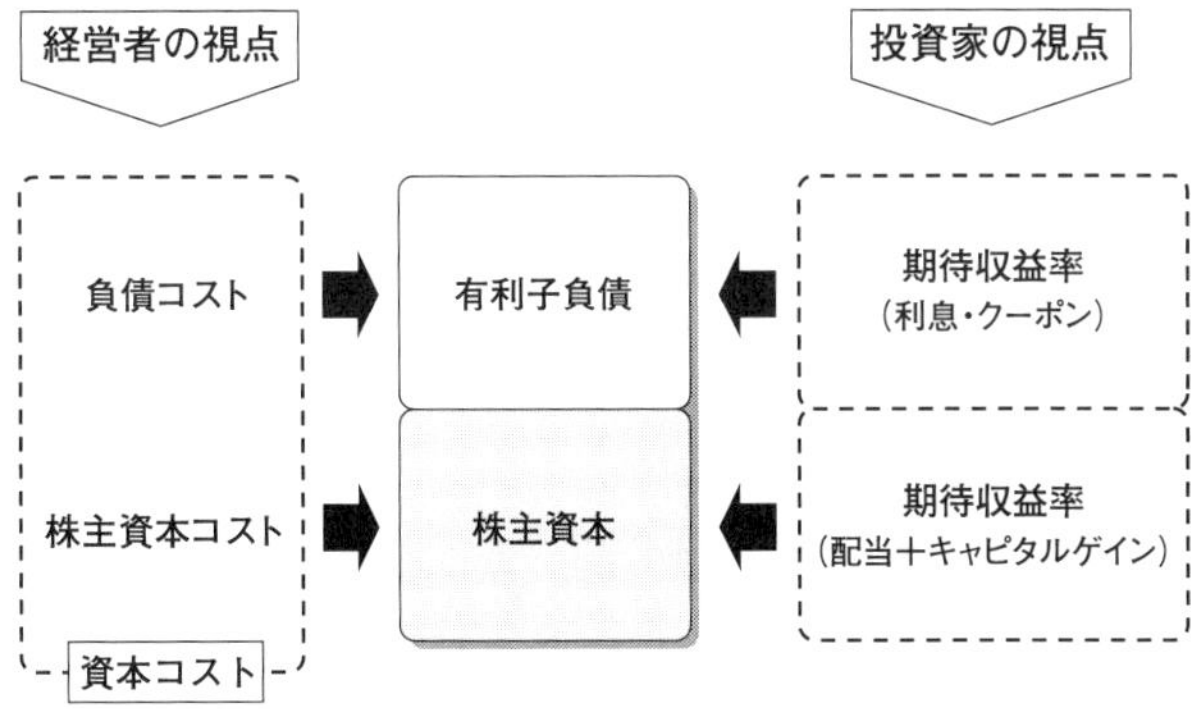

れます。これを証券会社に持っていって、お金に換えてもらいます。投資家のうち社債権者（社債を保有している人）は、資金提供をしたからには、このクーポンを欲しいと思うわけです。

それでは、あなたが株主だったら、どういう形で見返りを求めるのでしょうか。

それには二つあって、一つは配当です。英語でインカムゲインともいいます。そしてもう一つはキャピタルゲイン、すなわち株価の上昇益のことです。

しかし、個人投資家（＝株主）というのは、えてして、あまり配当は気にしていなかったりします。特にデイトレイダーなどは、配当を期待して投資するのではなくて、「買って、売って」をくりかえした結果、いかに多くのキャピタルゲインを得るかを期待して投資をしているわけです。

一方で、企業サイド＝経営者サイドが気にするのは、往々にして配当の方です。業績が上がったのだから、増配しないと株主に叱られるんじゃないか？　などと真剣に考えたりするのです。その結果、株価を上昇させることで株主に報いる、という視点がおろそかになりがちです。

ここで、少し話を整理しましょう。投資家からすれば、資金提供をしてリスクテイクするのだから、リターンが欲しい。その形が、ワタシは有利子負債に投資したのだから利息でありクーポン、ボクは株に投資したのだから配当なりキャピタルゲインをください——と、こうなるわけです。

株主資本コストはどこに表れる

しかし、こうした投資家の要求するリターンは、経営者（企業）からすればコストになります。

では、経営者にとって、負債コストと株主資本コストでは、どちらが負担が大きいのでしようか。

結論からいうと、株主資本コストです。それはなぜでしょうか？

これは、株主と債権者とでは、どちらがよりリスクを取っているかという質問に置き換えることができます。どちらだと思いますか？　答えは株主の方です。債権者のリターンは契約で決まっていますが、株主のリターンは約束されているわけではありません。したがって、当然ながら、「株主はリスクを取っているんだから、それ相応のリターンを要求するよ」ということになります。したがって、**経営者にとっては、株主資本コストの方が負債コストよりも負担が大きい**というわけです。

しかし企業の経営者は、どうしても負債コストばかりに目が行きがちです。それはなぜかというと、負債コストは損益計算書上の営業外費用のところに支払利息として表れてくるからです。また、利息と同様に配当も分かりやすいといえます。なぜなら、会社からキャッシュが外に出ていくからです。

ところが、株主資本コストのうち、株価上昇に対する株主の要求は、損益計算書上のどこにも表れてきません。だから、まったく存在しないように思われてしまうのです。ここで、こんな質問をされる方がいます。「株主の要求するリターンは、配当とキャピタルゲイン（株価上昇益）であることは分かります。ただ、企業からすると配当のコストは理解しやすいのですが、キャピタルゲインに対するコストというのはどのようなコストと考えればいいのでしょうか？」

実は、資本コストは、借入金の利息や配当など実際に企業が支払うコストを意味しません。資本コストは「資本の機会コスト」です。何かを得れば、何かを失ってしまう。この「失ったもの」が機会コストです。今こうしてこの本を読んでくださっているみなさんにも機会コストは発生しています。この本を読まずに他のことをして得られる便益がそれに当たります。

資本コストは企業の機会コストではありません。資金提供者である債権者と株主（投資家）にとっての機会コストです。債権者も株主も、ある企業に融資や出資をするということは、一方で他の企業に融資や出資をすることで得られたであろうリターンを失っているわけです。ですから、その分は取り返したいと考えるでしょう。したがって、企業経営者は債権者と株主の機会コスト以上のリターンを稼ぐ必要があるのです。お分かりいただけたでしょうか。

欧米に経常利益の概念がない理由

ここで、「ハイリスク・ハイリターン」の話を思い出してください。しつこいようですが、債権者と株主ではどちらがリスクを取っていたでしょうか。そう、株主でしたね。ということは、企業に対する株主のリスク認識が高ければ高いほど、当然多くのリターンが求められます。裏を返して経営者サイドからすれば、コストが高くなる。そうすると当然のことながら、株主資本コストの方が高くなるわけです。これが認識されないのは、損益計算書に表れてこないからです。

ここで第1章でお話をした、「経常利益」という概念がなぜ欧米にないのか、ということを考えると、負債コストしか反映していない利益など意味がない――理由はそんなところではないかと思います。かつての日本のようにメインバンク制度があって、資金調達の大部分を銀行融資という形で賄《まかな》っていた時代には、確かに株主資本コストを意識する必要性は少なかったのでしょう。だからこそ経常利益が重視されていたのかもしれません。

しかし先述したように、コストには負債コストだけではなく、株主資本コストもあります。だから資金調達するときには、両方のコストについてよく考えて、どのように調達するかを考えないといけないのです。

図22　加重平均（Weighted Average）のイメージ

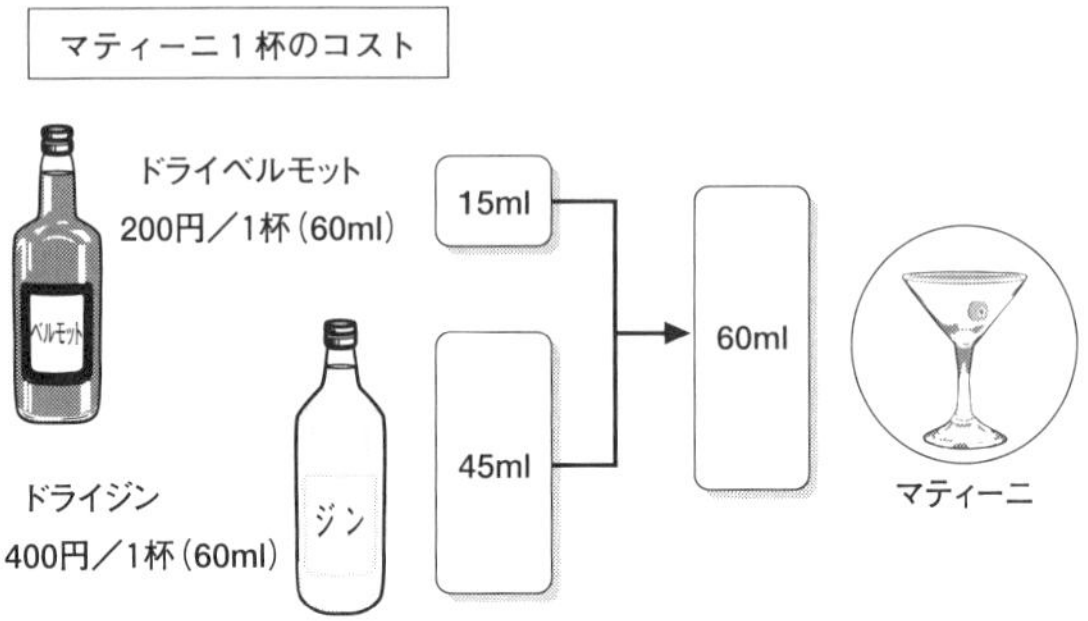

$$\text{マティーニのコスト}=\frac{200}{15+45}\times 15+\frac{400}{15+45}\times 45=350\text{円／1杯}$$

ここまでの話をひと言でまとめると、**投資家の期待するリターン（＝期待収益率）は経営者の視点から見るとコスト（＝資本コスト）になる**ということです。つまり、同じものを違う角度から表現しているにすぎないわけですね。

加重平均のイメージ

資本コストは、負債コストと株主資本コストを加重平均して求めます。そのため資本コストは、加重平均資本コストともいわれますが、通常は英語でＷＡＣＣ（Weighted Average Cost of Capital「ワック」と発音します）といっています。

加重平均とは、複数の要素のそれぞれに異

なるウェイトをつけて計算された平均のことです。といっても、文章では理解しづらいと思うので、ここで図22をご覧ください。これは加重平均のイメージを図にしたものです。マティーニ一杯のコストを考えてもらうことで、イメージをつかんでいただくためのものです。小学生の頃算数の授業で、違う濃度の食塩水を混ぜたら何％になるか、などという問題を解いた経験がおありかと思いますが、それをここで思い出してください。

60㎖のマティーニを作るには、ドライベルモット15㎖とドライジン45㎖が必要です。一方、ドライベルモット60㎖とドライジン60㎖の価格は、それぞれ２００円と４００円です。両者を加重平均した価格、つまりマティーニ一杯の価格は、ベルモットとジンの１㎖当たりの価格をそれぞれ計算して（ベルモット200／60、ジン400／60）、マティーニをつくるのに必要な容量をそれぞれ掛け合わせて合計するだけです。加重平均という言葉は難しそうに見えますが、このように、考え方はいたってシンプルです。

ＷＡＣＣの求め方

では、ＷＡＣＣ（加重平均資本コスト）をどう考えればいいかというと、資金提供者（投資家）の要求に応えるために企業が資産を活用して生み出すべき最低限の収益率、というこ

図23　負債コストと株主資本コストとWACC

項目	考え方
負債コスト	◆本来は、これから借入するとした場合の金利 ◆便宜的に、過去の有利子負債の調達コストを代用している
株主資本コスト	◆CAPM（資本資産評価モデル）を使用して算出するのが一般的 ◆投資家であれば、当該企業に対するリスク認識を反映した「自分勝手割引率」を適用するのも一つの方法
加重平均資本コスト	$WACC=\frac{D}{D+E}\times(1-T_C)\times$負債コスト$+\frac{E}{D+E}\times$株主資本コスト D：負債　E：株主資本　Tc：実効税率 ◆負債と株主資本の額（時価ベース）で、コストの按分計算を行う ◆負債コスト（支払金利）は損金として課税所得から控除できるので、税引き後で計算する

とができます。

WACCの求め方は、有利子負債D（DはDebt＝有利子負債の略）と株主資本E（EはEquity＝株主資本の略）の、それぞれの時価ベースでの額の按分でコストを算出するのが基本形です（式は図23）。

式の中に、（1－Tc）とありますが（Tcは実効税率）、これは何かといいますと、有利子負債の場合は損金として、支払利息が課税所得から控除できるので、税引後の値で計算することを意味しています（この有利子負債の節税効果については、後ほど具体的に説明します）。
では、ここで実際にＷＡＣＣの計算をしてみましょう。次の問題を解きながら、考えることにします。

あなたの会社の発行済株式数が20万株だとします。現在の株価は２５００円です。また、金融機関から、金利５％の借入が１億５０００万円あります。実効税率は40％、株主は年率20％のリターンを求めているとすると、このときのＷＡＣＣを計算してみてください。

金利５％の借入金、ということは、負債コストが５％ということです。また、株主が20％のリターンを求めているということは、株主資本コストが20％ということです。そして、有利子負債はどれくらいかというと、１億５０００万円そのままです。
本来は有利子負債も時価ベースで考えなければいけないのですが、実務上は簿価ベースで考えます。というのも、時価ベースで有利子負債の計算をするのは面倒だからです。たとえば企業によっては、ユーロ建てや米ドル建てなど外貨で借入をするところもあり、円建てに

$$\mathrm{WACC}=\underbrace{\frac{150}{150+500}\times 5\%\times(1-40\%)}_{①}+\underbrace{\frac{500}{150+500}\times 20\%}_{②}=16.08\%$$

換算するときの為替レートはいつの時点のものを使えばいいのかといった、いろいろ面倒なことを考えなくてはいけません。ですから通常実務では、そのまま簿価ベースで考えます。この場合は、1億5000万円のままで考えるわけです。

一方で、株主資本コストを計算するための株主資本については、時価を計算することができます。すなわち、発行済株式数に現在の株価を掛けたものですから、ここでは、

2500円×20万株

で5億円になります。

さて、材料が出揃ったところでWACCの計算です。数字が億単位ですと計算が煩雑になりますので、ここでは有利子負債の1億5000万円を150百万円と100万円単位で計算することにします（上の式）。

この150（百万円）に株主資本500（百万円）を足した650（百万

円）のうち負債が150（百万円）ですから、そこに金利の5％を掛ける。負債には、節税効果がありますので、実質の金利は、5％に（1－40％）を掛けた3％になります（①）。

次に、650（百万円）のうち500（百万円）が株主資本ですから、これに株主資本コスト20％を掛けます（②）。

ということで、以上①②をプラスすると、この会社のWACCは16・08％ということになります。

WACCを認識していない経営者

WACCは、企業の資金調達コストです。つまり、この**会社が投資家からいくらで資金を調達してきているかを表した数字**です。先のケースでは、会社は投資家から16・08％で資金を調達していますよ、ということです。ところが、ふつうは、銀行など債権者から借入する場合の調達コスト（＝負債コスト）しか目が行かないので、「ウチは資金を5％の金利で調達している」という言い方しかされません。

しかし、株主資本コストを考慮したWACCの視点に立てば、投資家（株主と債権者）の期待するリターン（＝期待収益率）は16・08％ということになります。この数字は、経営者が投資家に対して、それ以上のリターンを出さなければいけないということを表しています。できなかったら、どうなるのか？　もし、投資家に、その企業と同じリスク、同じリターンの投資機会があるとすれば、株式を売却するでしょう。結果、株価の下落が起きるわけです。

負債コスト5％というのは、既存の借入金の支払金利です。くりかえし述べてきたように、ファイナンスが扱う時間軸は「現在から未来」ですから、本来ならば、負債コストについても、過去の数字ではなく、将来の数字について考えなくてはならないのです。

ところで、あなたが投資家だとして、「うちの会社、増収増益なんだよ」と自信満々に口にする経営者を前にしたとき、「おたくの会社はWACCをいくらぐらいと想定されていますか？」と、ちょっといじわるな質問をしてみてください。「えっ、WACCってナンだ⁇」という答えが返ってきたら、これは問題です。企業が「儲けているか、いないか」ということを会計上における利益の増減だけで考えていたのでは、心配です。運用サイドばかりを見て、調達サイドをまったく見ていないということになるからです。これでは経営者としては失格ですね。

図24　負債の節税効果（Tax Shield）

（百万円）

	U社（負債なし）	L社（負債あり）
営業利益	50	50
支払金利（10%）	0	10
税引前利益	50	40
法人税（40%）	20	16
税引後利益	30	24
投資家が受取るキャッシュフロー	30	34
株　主	30	24
債権者	0	10

L社の有利子負債　100百万円

節税効果後の金利＝負債コスト×（1－法人税率）
＝10%×（1－40%）＝6%

負債の節税効果

ここで、先に予告しておいた通り、有利子負債の節税効果についてご説明しましょう。

表面上は5%の金利で借入をしていても、実は支払金利自体が経費として計上できるので、税金（法人税）がその分安くなります。ですから、税引後の実質金利は5%よりも下回ることになります。これが負債の節税効果です。といっても、これでは分かりにくいですね。

そこで、具体的に例を挙げて説明することにしましょう（図24）。

ここに、資本構成以外は、まったく同じ内容の会社、U社とL社があるとします。営業利益は、どちらの会社も50百万円です。U社には有利子負債がない一方で、L社は１００百万円を年率10％で借入しています。業績は資本構成の影響を受けず、法人税率は40％とします。このとき損益計算書は、図24のようになります。

ここで、U社とL社の投資家（株主と債権者）が、受け取るキャッシュフローの額に注目してください（厳密にいえば、税引後の利益とキャッシュフローは違いますが、ここでは同じとします）。不思議なことに、有利子負債があるL社の方が４百万円多いですね。この４百万円は、いったいどこから来たのでしょうか？

何もないところから、お金が生み出されるはずはありません。そうです、法人税の支払額が４百万円減っている分が移動しているのです。その意味するところは、有利子負債の存在が、利害関係者（ここでは、株主と債権者と国家）の間での配分を変えてしまったということです。言い換えれば、この４百万円は、両社の法人税の支払額の差額であり、L社の支払金利10百万円が、法人税の課税対象額から控除されていることから生じているわけです。

ここまでの話を整理しましょう。支払金利の利率は10％ですから、本来ならば、税引後利益は10百万円（＝１億円×10％）減るはずです。しかし、L社は税金が４百万円減ったことによって、税引き後利益は６百万円しか減っていません。したがって、実際にL社が負担し

ている負債コストは10％ではなく、

10％×（1－40％）

で、６％になるわけです。この負債の働きを、負債の節税効果（tax shield）といいます。これが先にWACCを計算するときに出てきた（1－Tc）の意味です。

WACCを下げるには

WACCの話に戻しましょう。

先の例で挙げたWACCが16・08％というのは、実際の企業からするとかなり高い数字です。それでは、WACCが「高い・低い」というのは、どういうことを意味しているのでしょうか。

ここでも、ファイナンスの原則である「ハイリスク・ハイリターン」が適用されます。つまり、ある企業のWACCが高いのは、その企業に対する投資家のリスク認識が高いということで、言い換えれば、**投資家はリターンを高く求めている（＝期待収益率が高い）**ということです。

一方で、ある企業のWACCが低いのは、その企業に対する投資家のリスク認識が低いということで、言い換えるならば、**投資家はリターンをあまり高くは求めていない（＝期待収益率が高くない）**ということです。

後者のケースで、たとえばトヨタ自動車について考えてみます。現段階では、トヨタに対する投資家のリスク認識は、高くはないと思われます。つまり、投資家の期待収益率が低いため、経営者にとってのWACCは低くなるわけです（経営者にとっての調達コストは低くなります）。

WACCが高いのがいいのか、低いのがいいのか、ということになると、やはり低いに越したことはありません。

実は、「WACCを下げる」ことこそが、IR（Investor Relation＝「投資家を対象にした」企業の広報活動）のミッションなのです。IRの役割は、「ウチはこんな商品を開発しました」なんていう広告宣伝では決してないのです。

ところが残念なことに、IRの担当者が、自分たちのミッションがWACCを下げることにあるのを理解していることはあまりありません。

では、ＷＡＣＣを下げるためにはどうしたらいいのか――それは、投資家のリスク認識を下げることです。それでは、投資家のリスク認識を下げるためにはどうしたらいいのか――それには、**適切な企業情報を適切なタイミングでディスクローズ（公開）する**、ということがたいせつなのです。

たとえば、何の予兆もなく突然「業績が悪化しました」と発表すれば、投資家のリスク認識は急速に高まります。そうなると、ハイリスクのものには、当然ハイリターンが求められるので、ＷＡＣＣは上がります。ＷＡＣＣが上がると、企業にとっては資金調達のためのコストが上昇するわけですから、それは望ましいことではありません。言い換えれば、株主価値（163ページ参照）を毀損することにつながり、当然のことながら、株価は下がります。

ですから、ＷＡＣＣを下げることは、企業にとってかなり重要な目標のはずです。ところが現実には、運用サイド、すなわち利回りばかりに目が行き、調達サイドに関してはおろそかになりがちです。

これは、スポーツにおいて、攻撃ばかりを重視し、守りを軽視するにも等しい行為です。たとえば、サッカーで勝つには、どうすればよいでしょうか。そうですね。点をとることです。あたりまえの話です。でも、それだけでは十分な解答とはいえません。相手に取られた以上の点数を上げること、それが完璧な答えです。そうなると、自分のチームが点をあげることと同時に、相手チームにいかに点数を与えないか――この守備の部分に頭を使う必要があるわけです。

企業にとっての守りとは何でしょうか。それは、**できるだけ調達コストを下げる**ということです。これができて、はじめて企業価値は向上するのです。

【おさらい1】

さて、ここで負債コスト、株主資本コスト、WACCについてざっと復習してみましょう。

ファイナンスは「ハイリスク・ハイリターン」が原則。それでは、株主と債権者とでは、どちらがよりリスクをとっているでしょうか。

それは株主です。ということは、当然のことながら、株主の方が高いリターン（＝収益率）を期待、あるいは要求します。ですから、翻って経営者の視点に立って考えれば、負債コストと株主資本コストでは、株主資本コストの方が当然のことながら高い、ということになるわけです。

その二つのコストを加重平均したものが、加重平均資本コスト（ＷＡＣＣ）でした。そして負債コストの方は、損金算入できて節税効果があるので、税引後の値で計算する、という説明もいたしました。

負債コストについては、支払金利の形で損益計算書上にそのまま表れます。これに対し、株主資本コストは決算書のどこにも表れてきません。そこで、株主資本コストを求める方法として、ＣＡＰＭ理論についてご説明いたしました。

ＣＡＰＭ理論についてざっくりいうと、株主が期待する収益率は、国債に投資した場合のリスクフリーレートにリスクプレミアムを加えたものです。リスクをとるからには、国債利回りより高い収益率を欲しがるのは、投資家としてはあたりまえのことです。

それでは、リスクプレミアムをどうやって求めるのかといいますと、株式それぞれの固有のリスクを測る指標としての「β」に、マーケットリスク・プレミアムを掛けます。マーケットリスク・プレミアム自体は、ＴＯＰＩＸなどの株式市場全体のリターンと、リスクフリーレートの差を表すとご説明しました。実務ではいろいろな考え方がありますが、私の場合、リスクフリーレートは２％、マーケットリスク・プレミアムは５％とざっくり仮定して、株主資本コストを求めています。

【おさらい2】

ここで株式投資におけるリターンの計算方法を復習しておきましょう。これは、問題を解きながら考えてみることにします。

あなたは、400円で購入したX社の株式を一年後600円で売却しました。あなたのこの一年間の投資利回り(=収益率=リターン)はいくらでしょうか?(ただし、この一年間で配当はなかったものとします)

先ほど、株式のリターンを求めるときには、収入を分子に置き、その収入を得るために使った資本、すなわち投下資本を分母に置く、という話をしました。つまり、収入を投下資本で割ることによってリターンを求めるわけです。右の場合も同様で、収入の200円を投下資本の400円で割ることによって、50%と求めることができます。念のため計算式も挙げておきましょう。

$$\frac{600-400}{400}$$

企業の収入は税引後営業利益

ここからは企業の運用成績、つまりリターンを計算するにはどうすればいいのかについて考えます。これには、何が企業にとっての収入と投下資本になるのかを考える必要があります。

まず、収入の方は、**税引後営業利益を企業にとっての収入と考えます**。営業利益（つまり本業で儲けた利益）が企業の〝本業で儲ける力〟を表しており、利益の中で最も重視されているということは、第1章でお話ししました。

税引後営業利益の計算式は114ページの通りです。ここに〈みなし法人税＝営業利益×実効税率〉とありますが、これは営業利益に実効税率といわれるもの（住民税率、事業税率、法人税率）のすべてを加味した、約40％強の税金がかかったことを意味しています。それを営

【企業の収入の計算式】

税引後営業利益＝営業利益－みなし法人税

（みなし法人税＝営業利益×実効税率）

＝営業利益(1－実効税率)

業利益から引いたものが税引後営業利益となり、それを企業の収入と考えて、企業にとっての利回りを求める際の分子とするのです。

ちなみに「みなし法人税」と書いてあるのは、本当に「みなし」である、という意味です。実際に税金が課税されるのは、営業利益ではなく、課税所得です。ここでは、営業利益に直接課税されたと「みなした」場合、ということです。

無利子負債を投下資本からはずす理由

次に投下資本についてお話しします。

これは、**税引後営業利益を得るために企業が投下した資本**のことです。この計算方法には、資産サイドからのアプローチと負債サイドからのアプローチの二つがありますが、考えやすいのは後者のアプローチです。これは、有利子負債と株主資本（自己資本）を足したものを投下資本とする考え方です。つまり、有利子負債や株主資本で調達したお金を投下して、税引後営業利益という収入を企業が獲得したと考

図25　企業にとっての投下資本

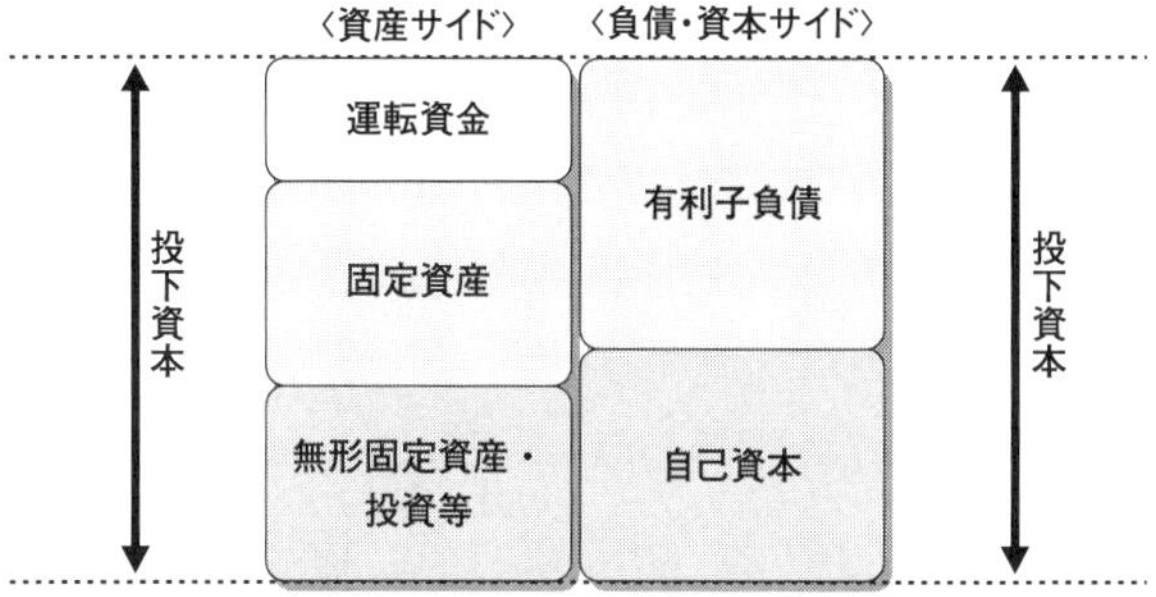

資産サイド	投下資本＝運転資金＋固定・無形固定資産・投資その他
負債・資本サイド	投下資本＝有利子負債＋自己資本（含む少数株主持分）

えるわけですね。

　私がここまでお話しすると、「なぜ無利子負債（買掛金や支払手形など）を投下資本からはずすんだ」とおっしゃる方がいます。なかなか鋭い質問です。投下資本からはずす理由についてこれからお話ししますが、ここからの議論は少しややこしいので、興味のある方だけ読み進めていただいてかまいません。

　たとえば、ある企業が材料などを「掛け」で仕入れたとします。そうすれば、実際に仕入代金を支払うまでに、会計上は買掛金や支払手形という形でバランスシートに計上されるわけです。これらは、企業にとって、「無利子」といってしまっていいものなのでしょうか。

ここで、自動車メーカーと取引がある部品メーカーの経営者の気持ちになって考えてみてください。自動車メーカーから「支払を三カ月から六カ月に延ばしてくれ」といわれたら、どんな気持ちがしますか？　あなたの会社は資金の回収が遅くなりますから、それだけ負担が増えるわけです。追加の運転資金も必要になるでしょう。そして、その運転資金を調達するにあたって、負債コストが発生するわけです。

あなたは、その負債コストを部品の単価に上乗せしたくなりませんか？　もっとも、「自動車メーカーからの原価低減の要求が厳しくて、そんなことできるわけない」とお考えになるかもしれません。

このように実際は、「掛け」での取引が、文字通りの「無利子」ではないことは十分考えられるわけです。「無利子」負債という形で資金を提供するからには、債権者（あなたのことです）はなんらかの「見返り」を要求するはずです。それは必ずしも、支払利息のように明示された形ではなく、原価に紛れこんでいるかもしれないわけです（紛れこませるのは債権者であるあなたです）。実は、企業の収入にあたる「税引後営業利益」を算出する過程で、売上原価、正確にいえば、売上原価に紛れこんだ債権者に帰属するキャッシュフロー（＝見返り分）が、引かれてしまっているのです。したがって、分子と分母の整合性をとるためには、分母の投下資本からも、あなたから提供された無利子負債部分も引いておく必要が出てきます。

どうしても、無利子負債を含めた総資産を分母にしたい、というなら、この場合、分子は、債権者（無利子、有利子問わず）と株主に帰属するキャッシュフローにするべきです。したがって、この場合は、分子の税引後営業利益に、売上原価に紛れこんでしまっている無利子負債の債権者に帰属するキャッシュフロー（＝無利子負債を提供する見返り）を売上原価から抜き出して、加える必要があります。こうすることによって、はじめて分子と分母の整合性がとれるわけです。

ところが、原価に紛れてしまった、明示されていない無利子負債部分のコストを抜き出すことなど不可能です。したがって、分子の税引後営業利益と分母の投下資本との整合性をとるためには、投下資本からも無利子負債部分を引いておかなければならないわけです（ここで、難しいお話は終了です）。

EVAスプレッド

税引後営業利益を投下資本（有利子負債＋株主資本）で割ることによって求めたリターン

【企業にとっての利回りの計算式】

$$\mathrm{ROIC} = \frac{\text{税引後営業利益}}{\text{投下資本}}$$

【EVAの計算式】

$$\mathrm{EVA} = \text{投下資本} \times \underbrace{(\mathrm{ROIC} - \mathrm{WACC})}_{\text{EVAスプレッド}}$$

を、**投下資本利益率**（ROIC＝Return On Invested Capital）といいます。これによって、事業活動のために投下した資本に対して、どれだけのリターンを得ることができたかという、企業にとってのリターン（利回り）を知ることができます。

経営者の使命とは何か？　これについてはいろいろ述べてきましたが、ひと言でいえば、**WACC以上のROICを上げる**ということに尽きます。

ROICとWACCとの差を、EVAスプレッドと呼びます。**このEVAスプレッドをプラスにする、そしてさらに拡大させることが経営者の使命**といえます。

ちなみに、このEVAスプレッドに投下資本を掛けることによって、EVA（Economic Value Added）を計算することができます。EVAというのは、単年度でどれだけ企業価値が増加したかを表す指標です。EVAスプレッドがマイナスだと、いくら資本を投下しても意味がありません。むしろ、資本を投下すればするほど、企業価値を毀損することにつながります。

ところが、何度もくりかえして恐縮ですが、経営者の方々は営業利益率や経常利益率の数字ばかり気にしています。それを見て、「利益が出た、出ない」で一喜一憂しておられるんですね。

しかし20％増益するために、２倍の投下資本を使っていたのでは意味がありません。利益の絶対額が増えたところで、その利益を上げるのにどれだけの投下資本が必要だったのかという議論なくしては、本当の意味でのリターンは分かりませんし、ＷＡＣＣ以上のリターンを上げているのかどうかも分からないわけです。また、リターンを上げることばかりを意識するのではなく、調達サイドにも目を配る、つまり、ＷＡＣＣを下げることも意識する必要があることはもちろんです。

そんなことを考えると、私たち日本人は、「善と悪」「自然と人間」などのように物事を二つの視点から対立的に見ることに慣れていないのではないかと思ってしまいます。もちろん、これは、「いい、悪い」の話ではありません。ただ、少なくとも、このことが、「運用と調達」「リスクとリターン」などのファイナンスの考え方が日本人に浸透しないことの一因なのかもしれません。

投資家の信頼を得るには

先ほど、企業のＩＲのミッションは、「ＷＡＣＣを下げることだ」ということをお話ししました。これについては、こういうこともいえます。

企業の目的としては、運用利回りであるＲＯＩＣを上げることも確かに大切です。しかし、一方でＷＡＣＣを下げる努力も必要なのですが、実際にはそれをおろそかにしている企業が多いのではないでしょうか。企業価値を上げるためには、ＲＯＩＣとＷＡＣＣの差（＝ＥＶＡスプレッド）を広げることがたいせつです。したがって、**経営者は、もっとＷＡＣＣを下げることに注目してもいい**のではないでしょうか。

ＷＡＣＣを下げるためには、投資家のリスク認識を下げることがたいせつです。投資家のリスク認識が低くなれば、要求するリターン（＝期待収益率）も低くなりますから、企業にとってのＷＡＣＣが下がるわけです。ですから、経営者は必ずＲＯＩＣとＷＡＣＣの両方に目を凝らしていなければならないのです。

経営者というものは往々にして、業績アップをことさら劇的に演出したがります。それによって、株価が急上昇することをイメージしているのでしょうが、投資家にとっての「サプライズ」とは、投資家と企業側とのコミュニケーションがうまくいっていない、ということにほかなりません。「結果がよければいいだろう」ということではないのです。

なぜなら、「よいときに隠していて突然こんなふうに発表するような会社だったら、悪いときも隠して発表しないのではないか」――投資家はそう考え、リスク認識が高くなるということもあり得るわけです。これは重要な点です。投資家のリスク認識を下げ、ひいてはＷＡＣＣを下げるためには、結局のところ投資家の信頼を得ることしかないのです。

第3章　明日の1万円より今日の1万円〜お金の時間価値

お金の価値は、そのお金をいつ受け取るかで変わる

前章では、おもに企業におけるリスクとリターンについて見てきました。ファイナンスにおいては、「リスクとはバラツキ」であるということ、そして投資家・企業にとって、それぞれのリスク、リターンとは何か、さらにはWACCについてもお話ししてきました。

これらのことを踏まえた上で、ここからは、「お金の時間価値」について見ていくことにしましょう。

ファイナンスにおける意思決定には、ほとんどの場合、お金が絡んできます。そして、「**お金の価値は、そのお金をいつ受け取るかで変わる**」という考え方は、ファイナンスの中でも、もっとも重要な考え方といえます。

「お金の時間価値」とは、簡単にいってしまえば、「明日のお金より、いまのお金の方が価値がある」ということです。この考え方を理解することは、企業価値の最大化にとって、とても重要です。株価や資産を評価したり、合併先の企業価値を評価したり、取引先との決済条件を変更するといった企業活動においては、現在と将来のお金の価値を比較する場面の連続です。そのためにも、「お金の時間価値」の考え方を、ここでしっかりと身につけておい

てください。

複利の考え方

「お金の時間価値」には、「将来価値」と「現在価値」という考え方があります。そして、この両者に深く関わってくるのが複利の考え方です。そこで、まずはここからお話しいたします。

利息の計算の方法として、単利と複利があるのはご存じでしょう。では、ここで１００万円を年率５％で運用する場合、五年間の利息が一年ごとにどうなっていくかを、それぞれの計算方法で考えてみましょう。

まず単利の場合から。１００万円を一年間運用すると、

100 ×（1 + 5%）

という計算をして、利息が5万円付きます。

１００万円に（1 + 5%）を掛けることの意味が分からない、という方は、次のように分

解してみましょう。

100万円×（1＋5%）＝100万円×1＋100万円×5%＝105万円

こう考えると、（1＋5%）の「1」は、元本を表していることが分かるでしょう。この「1」がないと利息額5万円だけが、計算されるということになってしまいます。

こうして元本と利息が合計で105万円になったら、利息分の5万円を引き出し、二年目も100万円からはじめます。ですから、二年目の利息も5万円。そして、またこの5万円を引き出して……、となり、結局最終的には五年間で25万円の利息がつく、ということになります。

ところが複利の場合では、利息を引き出さずに翌年に繰り越します。つまり、一年間に5万円ついた利息をそのままにしておきますので、二年目には105万円に対して5%の利息（5・25万円）が付いて、合計110・25万円になります。そして、それをまた翌年に繰り越すので、五年後の口座残高は、約127・63万円となります。これを式に表すと次のようになります。

100 万円×（1＋5%）＝105 万円……一年後の口座残高
105 万円×（1＋5%）＝110.25 万円……二年後の口座残高
110.25 万円×（1＋5%）＝115.76 万円……三年後の口座残高
115.76 万円×（1＋5%）＝121.55 万円……四年後の口座残高
121.55 万円×（1＋5%）＝127.63 万円……五年後の口座残高

利息を毎年引き出した場合は、五年後１２５万円になりました。一方、利息をそのままにしておいた場合は、その利息に対して利息がつきますから、五年後約１２７・６３万円になったわけです。このように「利息が利息を生む」というのが複利の特徴です。その複利効果で、単利のときよりも約２・６３万円増えたわけです。

ファイナンスにおける利息といえば、すべてにわたってこの複利の考え方を適用します。まずはこのことを覚えておいてください。

図26　将来価値

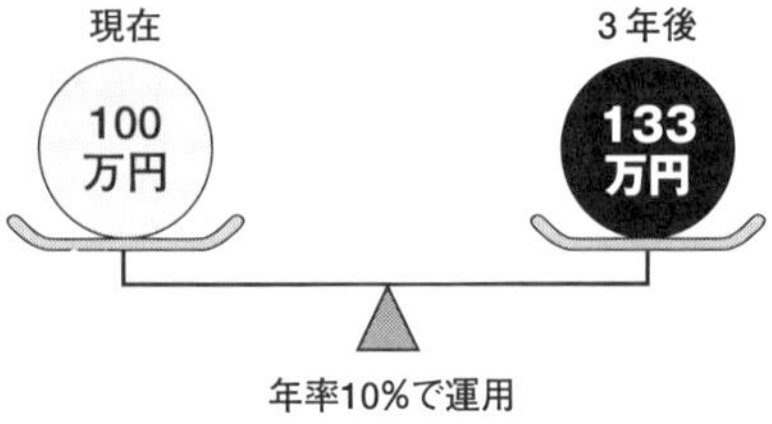

将来価値の計算

次に、「将来価値」（フューチャーバリュー〈FV＝Future Value〉）についてお話ししましょう。

将来価値とは、いまのお金を複利で運用した場合に、将来どれくらいの価値になるのかということです。つまり、現在の価格（＝価値）の、将来における価値ということです。

では、ここで問題です。

いまの１００万円を金利10％で三年間運用した場合、将来価値はいくらになるでしょうか？

これは、次のような手順の計算になります。

100万円×（1＋10％）＝110万円……一年後の将

来価値

110万円×（1＋10%）＝121万円……二年後の将来価値

121万円×（1＋10%）＝133万円……三年後の将来価値

これらを一つの式で表すと、次のようになります。

100万円×（1＋10%）×（1＋10%）×（1＋10%）＝133万円

【将来価値（FV）の計算式】

$$FV = CF \times (1+r)^n$$

CF：元本　r：利率
n：年数

最初の100万円を年率10%で三年間運用するわけですから、（1＋10%）を三回かけます。（このように同じものを複数回掛け合わせることを「冪乗《べきじょう》」といいます）

右の式を、もう少しすっきりまとめると、

100万円×$(1+10\%)^3$

となります。

次に、「現在価値」（プレゼントバリュー〈PV＝Present Value〉）についてお話しします。

現在価値の計算

いま目の前にある１００万円と遠い将来の１００万円、両者の価値が違うということは直感的に理解できるでしょう。五〇年後に１億円もらえるとしても、いまの私たちにとっては、遠い将来の話です。それよりも、いますぐ１００万円もらった方がいい！　という方も多いのではないでしょうか。

このようにお金の価値は、時間が進めば進むほど小さくなっていきます。

このことを具体的に考えてみましょう。今日の１００万円は、年率10％とすると、一年後には、１１０万円になります。これは視点を変えてみると、今日の１００万円の方が来年の１００万円よりも10万円価値が大きいことになります。この差が、先ほどからくりかえし申し上げている「お金の時間価値」です。

キャッシュを受け取る場合は、なるべく早く受け取った方がその分、利息を稼ぐことがで

図27　現在価値

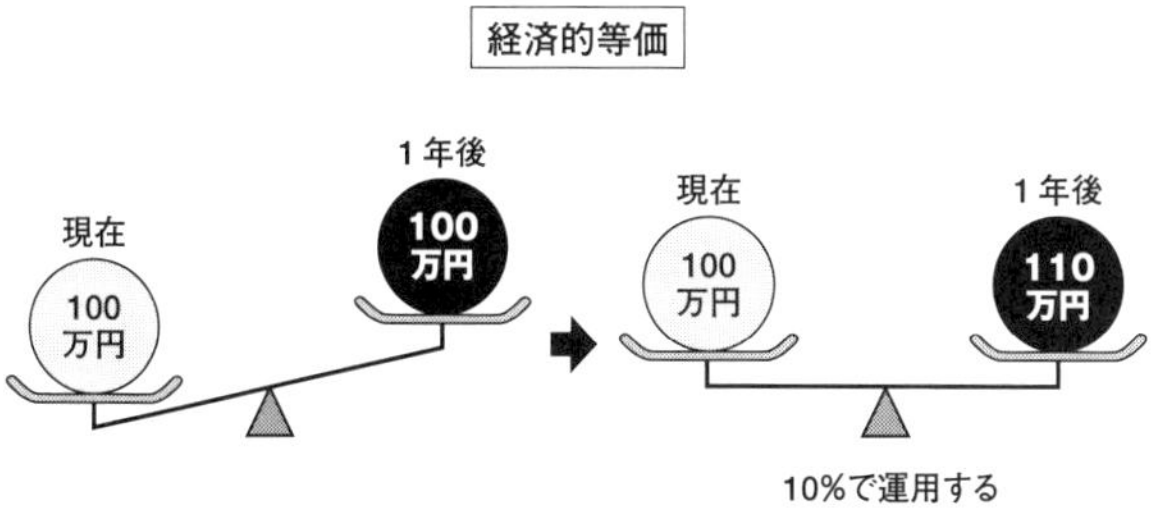

きるのでお得です。一方で、キャッシュを支払う場合は、できるだけ遅くした方が有利というわけです（支払を遅らせた期間、運用すれば利息を稼ぐことができるからです）。

このようにお金には時間価値があることから、時間軸が異なるキャッシュを比較する場合は、時間価値の分を調整する必要があります。将来のキャッシュが、現在のいくらに相当するかを計算するためには、利率で「割引く」ことによって求めることができます。

ふたたび、金利10％の場合の１００万円の将来価値について考えることにします。一年後の将来価値は、（1＋10％）を掛けて１１０万円。この「一年後の１１０万円」の現在価値を求めるには、この計算の逆を行うわけです。そうすると、１１０万円を（1＋10％）で割り、１００万円となります。この計算プロセスを、「一年後のキャッシュを現在の価値に割引く」といいます。

将来価値から現在価値へ

将来価値を現在価値に直すときに使う利率のことを割引率といいます。割引というと、バーゲンセールの「10%割引」などを連想してしまいますが、この割引はそれとは考え方が違います。

たとえば、100万円を一年間10%で運用すると、

【現在価値(PV)の計算式】

$$PV = \frac{CF}{(1+r)^{n}}$$

CF：元本　r：割引率
n：年数

100万円×（1＋10%）

で、110万円になりますね。

これを10%で割引けば、

$$\frac{110\text{万円}}{1+10\%}$$

で、元の１００万円に戻るわけです。現在価値から将来価値を求める計算プロセスを逆にたどっているわけですから、あたりまえといえば、あたりまえです。

しかし、バーゲンセールの場合、定価１００万円の商品を10％値上げし（１１０万円）、それをふたたび10％割引きしても、

$$110\text{万円}\times(1-10\%)$$

で、99になってしまい、元の１００万円には戻りません。まあ、計算プロセスを逆にたどっていないので、これもあたりまえといえば、あたりまえです。

つまり、「割引」の意味が、「10％割引」の場合と、「10％で割引く」場合とでは違うとい

図28　将来価値と現在価値

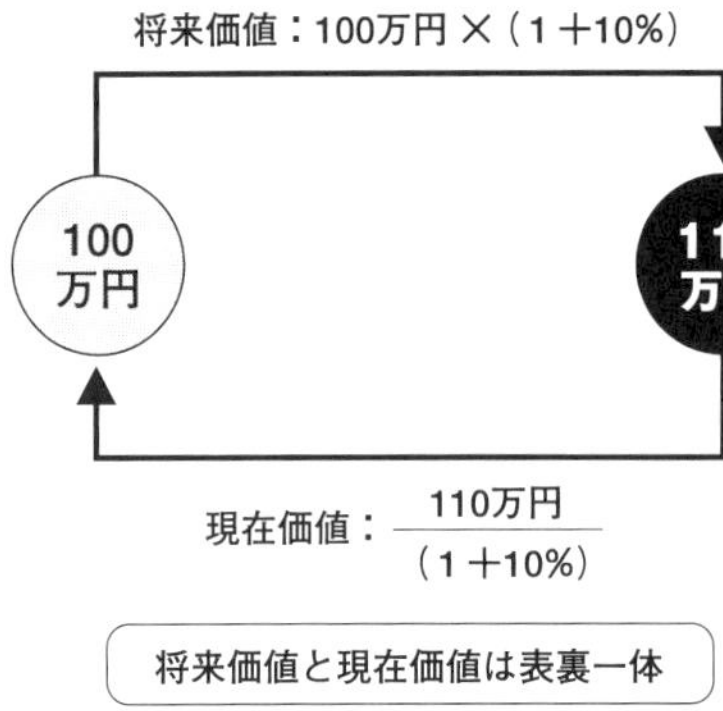

うことなのです。この違いについて、混乱する人がいるので、ぜひとも頭に入れておいていただきたいと思います。

現在価値から将来価値へ

将来価値から現在価値を求める時に使うのが割引率でしたが、反対に、**現在価値から将来価値を求めるときは、利率、あるいは利回り、収益率という表現をします。**いずれも同じものですが、違う表現をするわけです。ここも、混乱しやすい点なのでご注意ください。

そうはいっても、将来価値と現在価値を換算するレートの表現の仕方が違うだけで、将来価値と現在価値は、まさに表裏一体の関係になっています。

この将来価値、現在価値、割引率の三つは、ファイナンスの中でもっとも重要な概念です。これが理解できなければ、先に進むことはできません。そのためにも、ここでしっかりと理解しておいてください。

もう一度、三者の関係を復習しておきましょう。

現在価値に（1＋利率）を掛けると、将来価値になります。将来価値を（1＋割引率）で割引くと、現在価値が求められます。もちろん、ここでは、利率＝割引率です。たとえば、五年先のお金を現在価値に割引くという話になると、（1＋割引率）が$（1＋割引率）^{5}$に変わることに注意してください。

現在価値の考え方をマスターすると、世の中のさまざまな金融商品の理論価格を計算することができるようになります。なぜなら、金融商品の理論価格とは、その商品が将来生み出すキャッシュフローの現在価値の合計だからです。さらっといいましたが、これは結構重要です。

リスク認識と割引率の関係

ここで、ひとつ質問をします。

いま100万円をもらえる権利と、一年後に100万円をもらえる権利の、二つの権利があるとしたら、あなたはどちらを選びますか?

当然いま100万円もらえる権利ですよね。これについて異論はないと思います。

では、信頼できる友人から、「いま100万円もらえる権利か、一年後に110万円もらえる権利の、どちらか一方をあげよう」といわれたら、あなたはどちらを選びますか?

ふつうは、信頼できる友人からの申し出であれば、一年後に110万円もらえる権利の方を選ぶはずです。実はこの「友人から一年後に110万円もらえる権利」というのは、視点を変えれば、「あなたがその友人に100万円を10%で貸しつける」ということと同じです。一年後にお金をもらえることは、まず間違いないでしょうし、昨今の低金利を考えれば、年率10%もの高い利回りというのは、なかなかお目にかかれません。一年後の110万円をとるのは、合理的な選択だといえるでしょう。

それでは、同じく信頼できる友人から、「いま100万円もらえる権利と一年後に105万円もらえる権利のどちらか一方」といわれたらどうですか。これもやはり、後者を選ぶ人の方が多いでしょう。

しかし、これが一年後に102万円となると……だんだん微妙になってきましたね。いまの１００万円の方がいい、という人の方が多くなったのではないでしょうか。

　では今度は、さっき知り合ったばかりの人に、「いまの１００万円の権利か、一年後の１０２万円の権利のどちらが欲しい？」といわれたらどうしますか？「本当にくれるのかなあ。分からないからいまの１００万円でいいや」、そう思うはずです。

　もし、同じ人から、「一年後の１１０万円」といわれたら、どうでしょう。やはり、リスキーだと感じ、いまの１００万円の権利を選ぶ人の方が多いのではないでしょうか。

　これが１３０万円だったら？　このあたりから、身を乗り出しはじめた人もいるでしょう。「この人に賭けてみようかな……」なんて考えも出てきたことと思います。

　で、あなたがこの提案に飛びついたとしましょう。これは、先ほどと同様に、「あなたがこの人に、１００万円を年率30％で貸しつける」ということと同じです。もうお分かりですよね。

　ここから分かることとは、投資対象に抱くリスクの感じ方、すなわちリスク認識によって相手に要求する収益率（＝期待収益率）が変わる、ということです。ここには、当然ハイリスク・ハイリターンの原則があてはまります。

　これは割引率に関しても同様です。たとえば、さっき知り合った人がくれるという一年後

図29 「1年後の130万円」の現在価値

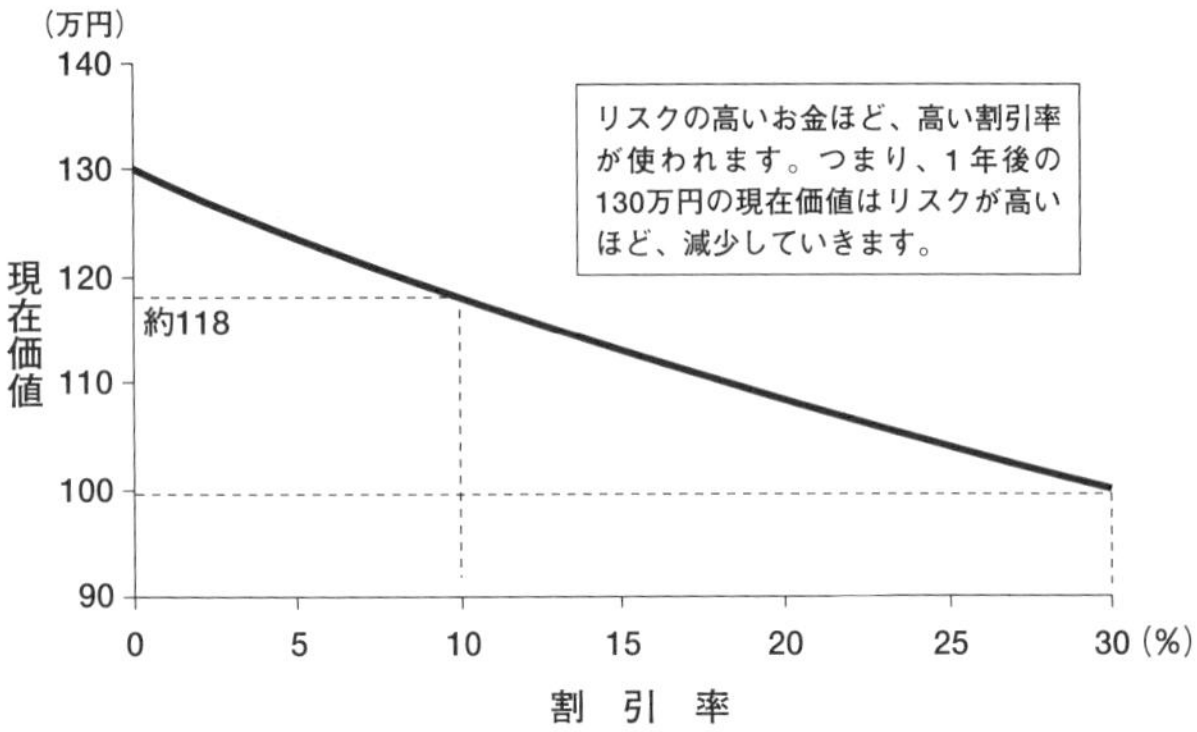

の130万円の現在価値はいくらになるでしょうか。そうです。130万円を割引率30%で割引くわけですから、

$$\frac{130}{(1+30\%)}$$

で100万円になります。

それでは、あなたの信頼できる友人がくれる一年後の130万円の現在価値はいくらになるでしょうか。あなたが友人に期待する収益率は10%でしたから、このときの割引率は、同じく10%です。

$$\frac{130}{1+10\%}$$

で、約１１８万円になります。同じ一年後の１３０万円も、対象によって、お金の現在価値が異なることがお分かりになったでしょう。

このように、**割引率が高くなると現在価値は低くなり、割引率が低くなると現在価値は高くなります。**リスク認識が変われば、割引率も変わるわけです。〈割引率＝要求する利回り〉なので、リスク認識が変われば要求する利回りも変わる、ともいえます。少し難しい話かもしれませんが、ここは、ファイナンスにおいて非常に重要なところなので、理解できるまで、くりかえし読んで頭に入れてください。

永久債の現在価値

次は永久債についてのお話です。これは次章の企業価値についての説明のところに大きく関わってきますので、どうぞよく読んで理解をしてください。

永久債というのは、満期がなく永久に利息が支払われる債券のことで、第二次世界大戦中、イギリスで戦費調達のために発行されたことがあります（現在では、イギリス政府がすべて買い取って流通していないそうです）。

では、ここで問題です。

毎年100万円の利息が永久に支払われ続ける永久債があるとします。この債券はいくら支払えば、手に入れることができるでしょうか？

こんな債券があったらいいですね。「ぜひ欲しい」という人も大勢いるでしょう。でも、パッと見では、価格の見当がつきません。「1000万円？　でもそれでは安すぎる感じがするから、5000万円くらいかな？　いや、それでは高すぎるな」と、さまざまな意見が出てくることでしょう。しかし、これにも価値を算出する公式というものが存在します。

まず結論から申し上げます。金融商品の価格（＝価値）というのは、それが将来生み出すキャッシュフロー（＝現金収支）を現在の価値に割引いたものです。といっても、まだよく理解できない方がかなりいらっしゃると思うので、もう少し細かく見ていくことにしましょう。

問題に挙げた永久債に対する期待収益率（80ページ）を仮に5％とします。これは、イギリス政府にだったら、5％の金利で貸し付けてあげてもいい、と考えたということを意味しています。

そこでまず、一年後のキャッシュフロー100万円を5％で割引くことによって現在価値を求めます。そして二年後の100万円を二年間分、5％で割引く。つづいて三年後、三年間分、5％で割引く……。このように、永遠に割引きしていきます。

なんだか、気の遠くなるような話ですね。けれども、これらをすべて計算する必要はありません。上の囲みにあるようなシンプルな式にまとめることができるのです。ここに数字をあてはめていくと、

【永久債の現在価値(PV)の計算式】

$$PV = \frac{CF}{r}$$

CF：毎年のキャッシュフロー　r：割引率

$$\frac{100}{5\%}$$

となり、答えは２０００万円と計算できます。

これを高いと感じるか、安いと感じるかは人それぞれでしょうが、毎年１００万円の現金を永久にもらえる債券が二〇年間分の価格で買えるのだとしたら、安いといえるかもしれませんね。

ただ、そこには、「お金の時間価値」に対する考え方が抜けていることに注意が必要です。

たとえば、一〇〇年後の１００万円の現在価値は、割引率５％とした場合、いくらだと思いますか？

$$\frac{100}{(1+5\%)^{100}}$$

答えは……なんと、７６００円！　つまり、先のことになればなるほど、１００万円の現在価値は減っていくわけなんですね。これが二〇〇年後の１００万円になると、わずか58円ですから。

ということは、永久に毎年100万円の利息をもらえるといっても、遠い将来の100万円の価値は、限りなくゼロに近いものであるといえます。

【成長型永久債の現在価値（PV）の計算式】

$$PV = \frac{CF}{r - g}$$

CF：初年度のキャッシュフロー
r：割引率
g：成長率

成長型永久債の現在価値

さて今度は、毎期一定の率で成長する永久債（成長型永久債）についてのお話です。

先ほど例に挙げたのは、毎年一定額（100万円）のキャッシュフローを受け取ることができる債券についてでしたが、今度はその100万円のキャッシュフローが毎年3％ずつ成長していく債券を例にとります。つまり、一年目は100万円、二年目は103万円、三年目は106・09万円、四年目は109・27万円……のキャッシュフローを得られる債券というわけですね。

この場合、先ほどと同様に割引率が5％だとすると、

$$5\% - 3\% = 2\%$$

で、初年度の100万円を割ることによって計算できます。これを式にまとめると次のようになります。

$$\frac{100}{2\%}$$

答えは5000万円です。いかがでしょうか？　こちらもシンプルな式にまとめることができましたね。

以上、永久債と成長永久債の現在価値の求め方について話を進めてきましたが、なぜこれが必要なのかといいますと、次章でお話しする企業価値を算定する際、企業は永遠に続くものであるということを前提にしているからです。その際に、先の式を使うのです。

【おさらい】

ここで再度、お金の基本原則を確認しておきましょう。二つあります。

まずは、明日のお金より、いまのお金の方が価値がある、ということです。たとえば、「現在の１００万円と将来の１００万円を比べてみれば、現在の１００万円の方が価値がある」ということです。

そしてもう一つが、安全なお金は、リスクがあるお金よりも価値がある、ということです。そのため、キャッシュフローを生み出す対象へのリスク認識が割引率に反映されるわけですね。ハイリスク・ハイリターンの原則によって、投資家は、リスクが高ければ、その見返りである収益率は自ずと高いものを望みます。したがって、収益率と裏表の関係にある割引率も当然高くなるということです。

第4章　会社の値段

事業価値と非事業価値

ここからは企業価値についてご説明します。

企業価値を論じるにあたって、第1章でお話しした「誰にとっての企業価値か」という話を思い出してください。ここでおさらいしますと、ファイナンスにおける企業価値といえば、「資金提供者である投資家（株主と債権者）にとっての価値」であるということでした。まず、このことを頭に留めておいてください。

では、ここからが新しいお話です。先の「誰のものか？」ということが企業価値に関する議論の一つの側面とすれば、もう一つの側面は、「どう計算するか？」ということです。

図30をご覧ください。右半分が、「誰のものか？」という側面から、左半分が、「どう計算するか？」という側面から、企業価値を説明したものです。

左半分を見ると、企業価値というのは、大きく、「事業価値」と「非事業価値」の二つに分けられることが分かります。

「非事業価値」は、その名の通り、事業とは直接関係のない部分の価値のことです。たとえば、所有する絵画であるとか、事業に使っていない遊休地、さらにはゴルフ会員権などを時

図30　企業価値

企業価値とは、投資家（債権者と株主）にとっての価値

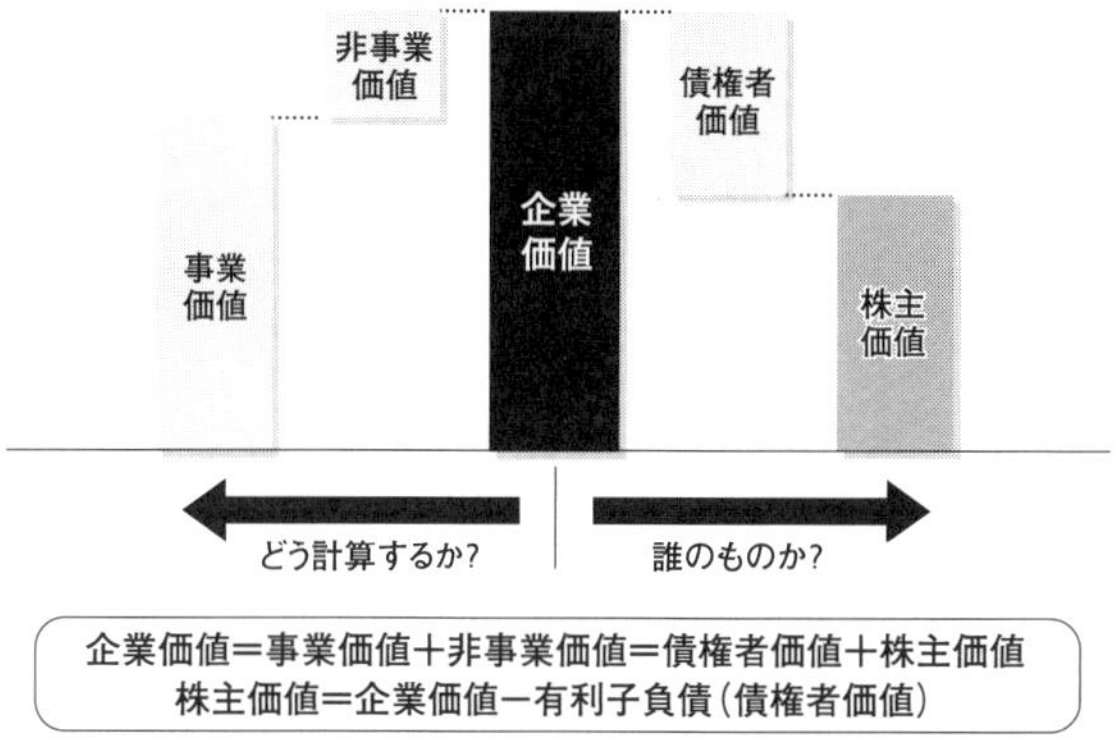

価評価したものが非事業価値です。

「事業価値」は、まさに企業が行っている事業の価値のことです。これは、企業が将来生み出すフリーキャッシュフローを現在価値に割引くことによって求めることができます。なぜ現在価値で割引くかというと、「お金の現在価値」を考慮に入れているからです。言葉にすると一見難しそうですが、実はそれほど厄介なものではありません。

フリーキャッシュフロー

ここで、フリーキャッシュフローについて確認しておきます。本書の最初の方に出てきた言葉なので、お忘れになっている方もおられるでしょう。

まず、キャッシュフローについて思い出してください。キャッシュフロー計算書は、三つのパートに分かれていましたよね。覚えていらっしゃいますか？　そうです、「営業活動によるキャッシュフロー」「投資活動によるキャッシュフロー」「財務活動によるキャッシュフロー」でした。

キャッシュフロー計算書でのフリーキャッシュフローは、先にも述べましたが、「営業活動によるキャッシュフロー」と「投資活動によるキャッシュフロー」を足したもの（簡便フリーキャッシュフロー）です。これは企業が事業活動や将来に必要な投資活動を行った後に、資金提供者である投資家（株主と債権者）に自由に分配することができるキャッシュフローと定義されます。

しかし、実際に事業価値を計算するときに使うフリーキャッシュフローは、簡便フリーキャッシュフローではありません。

それをお話しする上で、まず、「フリー」とは何を意味するのかについて考えてみたいと思います。すでにお話ししたことですが、覚えていらっしゃいますか。これに関してはさまざまな考え方があるのですが、最もよくいわれるのは、「投資家である株主や債権者が自由に使えるキャッシュ」という意味でのフリーです。また、「調達方法に影響を受けない」という意味でのフリーという考え方もあります。

しかし、私が最も分かりやすいと思うのは、**企業が将来生み出すキャッシュフローから、事業を継続するにあたって〝支払う必要がある〟キャッシュフローを差し引いたあとのキャッシュフロー**をフリーキャッシュフローとする考え方です。

では、〝支払う必要がある〟キャッシュフローとは何でしょうか。まず挙げられるのは原材料費です。これは、いやでも支払わねばならないものですからね。

他には何があるでしょう。そうです、人件費です。それから、維持費、販売費、一般管理費です。

もちろん税金もあります。それから設備資金、これは会社が成長していくためには当然確保しておかねばなりません。あとは、オペレーション維持のための運転資金です。

これらを、企業が将来生み出すキャッシュフローからそれぞれ引いたものが、フリーキャッシュフローなのです。

ところが、私がこのような説明をいたしますと、決まってこんなことをおっしゃる方がいます。

「借入金の利息も、〝支払う必要がある〟キャッシュフローではないんですか？」

このような質問に対して、私は次のような説明をいたします。

フリーキャッシュフローは、あくまでも資金提供者である債権者と株主に帰属するキャッシュフローです。債権者に帰属するキャッシュフローとは、「借入金の支払利息」のことです。つまり、フリーキャッシュフローには、この債権者に帰属するキャッシュフロー（支払利息）が含まれているのです。

話を分かりやすくするために、こんな場面を想像してみてください。フリーキャッシュフローを目の前にして、債権者と株主が話し合っています。株主は、フリーキャッシュフローの中から債権者の取り分である「借入金の利息」を債権者に渡し、残りは株主が自由に使うことができます。このフリーキャッシュフローの中から、支払利息を債権者に支払うというのがポイントです。

あるとき、債権者が株主に対してこんなことをいいます。「今回は、事業も順調だったんだから、少しは余分にくれたっていいでしょう?」――これに対して、株主はこう返します。「ダメだよ。あなたの取り分はあらかじめ契約で決まってるでしょ。業績がいいときも悪いときも確保されている。だから、そんな都合のいいことといっちゃダメだよ」――そうです。債権者と株主の資金提供の方法には違いがあるのです。借入金がある企業にとっては、確か

【フリーキャッシュフローの計算式】

フリーキャッシュフロー＝営業利益×(1－法人税率)
＝営業利益－みなし法人税
＋減価償却費－設備投資
－運転資金の増加額

に「借入金の利息」は〃支払う必要がある〃キャッシュフローといえます。ただ、それは、フリーキャッシュフローの中から、借入があれば、支払うものであって、フリーキャッシュフロー自体を計算する過程では、借入のあるなしの影響は受けないものなのです。

減価償却

では、フリーキャッシュフローはどのようにして求めるのでしょうか。

上の計算式をご覧ください。営業利益は原材料費や人件費など、企業が「支払う必要がある」費用をあらかじめ引いてある利益です。そして、「支払う必要がある」ものとして税金もあります。

フリーキャシュフローの計算において注意したいのが、次の減価償却費をなぜプラスするのかという点です。これについて理解するには、そもそも減価償却とは何かということを知っておく必

図31　減価償却の意味

減価償却なし

	1	2	3
売上高	300	300	300
設備投資	−300	0	0
利益	0	300	300

（万円）

減価償却あり

	1	2	3
売上高	300	300	300
設備投資	−100	−100	−100
利益	200	200	200

（万円）

〈キャッシュフロー計算書〉

	1	2	3
利益	200	200	200
減価償却	100	100	100
営業CF	300	300	300
投資CF	−300		
簡便FCF	0	300	300

（万円）

利益に減価償却を足しもどす

減価償却とは、実際にキャッシュが出て行かない費用項目

したがって、キャッシュフローベースで考えるときには、
この減価償却を足し戻す必要がある

要があります。

減価償却とは、使えば使っただけ、どんどん価値が下がっていく機械設備の価値の減価分をその耐用年数に応じて、費用として計上したものです。とはいっても、実際にはキャッシュが会社の外へ出て行くわけではありません。これでは分からないですよね。具体的に考えてみましょう。

たとえば、ある会社が印刷機械を300万円で買おうとしています（図31）。この機械の耐用年数は三年です。つまり三年経ったら、使い物にならなくなるわけで、残存価格はゼロ。これでは売却もできないため、廃棄処分にするしかあり

ません。

この機械を三年間使用することで、売上が毎年300万円ずつ計上できるとします。ここで、減価償却という考え方が会計上存在しない場合はどうなるでしょうか？

初年度の売上300万円から設備投資費として300万円を引く。そうすると、一年目の利益はゼロ。しかし二年目と三年目は、300万円ずつ利益が出ます。これを計上すれば、利益と手元の現金とが合っていることになります。

ところが、ここで〝お上〟の登場です。「あなたのところは三年間同じ印刷機械を使っているでしょう。同じ事業をやっているのに、なんでこんなに利益がブレるんですか」ということをいいはじめるわけです。〝お上〟のホンネは何か、もうお分かりですね。そうです。「一年目から利益を出しなさいよ。税金をとれないでしょうが」ということです。そこで、「機械は資産として計上し、機械の価値の減価分として三年間にわたって費用として計上しなさい」という考えが出てくるわけです。そしてこれが形になったのが、減価償却費なのです。

企業は「はい、分かりました。300万円で買いましたから、じゃあそれを三年間にわたって費用として計上します」というわけで、こうして毎年100万円ずつ減価償却費として計上します。そのおかげで(?)、毎年利益は、200万円と平準化できるわけです。

こうして、めでたく一年目から利益が計上でき、税金も納めることができるのです(笑)。

一方、この減価償却という考え方を導入した場合、何が起こったかというと、利益と手元のお金とが合わなくなってしまったのです。減価償却という考えがない場合には、利益と手元のお金とはきちんと合っています。

しかし、減価償却という考え方を取り入れ、利益の平準化を行ったとたんに、利益と実際の額とがまったく違ったものになりました。これではマズい、ということで、利益からキャッシュフロー(=手元のお金)に変換するための調整作業が必要になってくるわけです。

では、どのように調整すればいいのでしょうか。利益から考えると100万円少なくなっているわけですから、減価償却費として利益に100万円を足し戻し、「営業活動によるキャッシュフロー」という形で毎年300万円になるようにするのです。これで、当初の売上高の数字と同じになりました。そしてそこからはじめて、設備投資費の▲300万円(キャッシュアウトなのでマイナスがついています)を、「投資キャッシュフロー」という形で加えてやります。こうすると、手元のお金と利益の額とが見合ってきます(図31の簡便キャッシュフロー)。

このように、減価償却費というのは、実際には会社からキャッシュが出ていかない費用なので、キャッシュベースで考えるためには、一度、利益に足し戻す必要があるのです。

運転資金の増加分

フリーキャッシュフローの計算式でもう一つ注意したいのは、運転資金の増加額をマイナスする点です。「設備投資が、〝支払う必要がある〟キャッシュフローというのはよく分かるけど、運転資金の増加額が、なぜ〝支払う必要がある〟キャッシュフローなのか、いまひとつピンとこない」という方が多いのです。

これについて、少し説明を加えましょう。

企業が行う投資を、設備投資と在庫投資（＝運転資金）に分けて考えることがあります。

まず、設備投資というのは、土地建物や機械設備に対する投資のことで、在庫投資よりも、お金になって戻ってくるのに時間がかかります。一方、在庫投資というのは、製品や商品を作るための原材料など在庫に投資するということです。そしてできあがった製品も、売れるまでは、まだ在庫です。売れて、実際にお金を回収するまでは売上債権になり、最終的には、お金となって戻ってくる——企業を運営していく上で、このサイクルを常にぐるぐると回し

図32　運転資金増加のイメージ

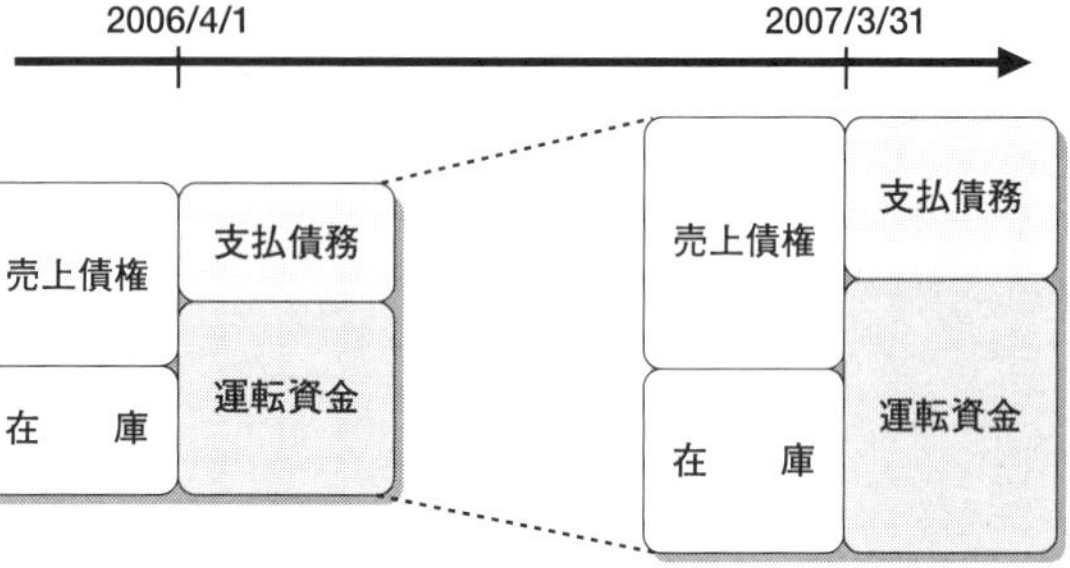

売上の増加、あるいは、回転期間の変化によって、必要な運転資金が変化する

運転資金の増加分だけ、キャッシュがあらたに必要となる

ていかねばならず、そのために必要なのが運転資金というわけです。

ここで図32をご覧いただければお分かりになるかと思いますが、売上債権の増加や、あるいは回転期間の変化、在庫の増加などによって、必要となる運転資金は増加します。その増加分のキャッシュが新たに必要になってくるわけです。

ですから、フリーキャッシュフローを求める際には、この運転資金の増加分（＝新たに必要になったお金）を、「支払う必要がある」キャッシュフローという形で、差し引かなければならないのです。

図33　企業価値とキャッシュフローとの関係

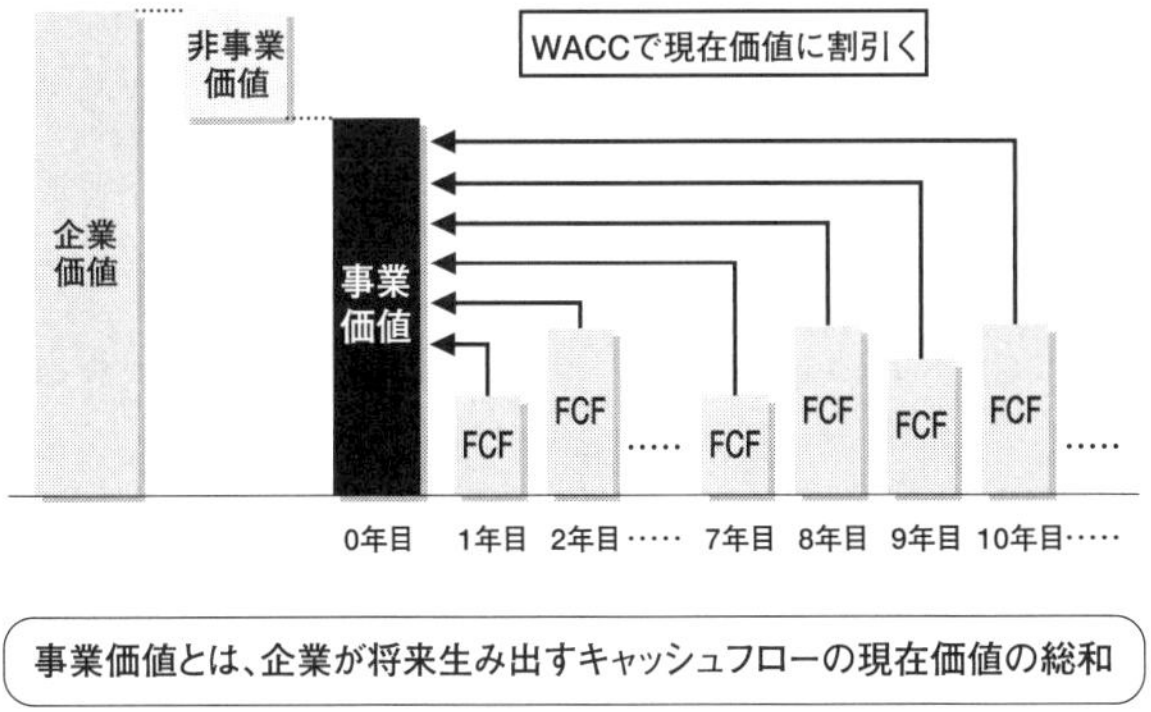

割引率はWACCを使う

フリーキャッシュフローについてご理解いただいたところで、今度は割引率についてのお話です。

事業価値を求める場合に、将来のフリーキャッシュフローを現在価値に割引く、といいましたが、その際割引率には何を使えばいいのでしょうか。ここでふたたび、WACC（加重平均資本コスト）の登場です。

第2章でお話ししたWACCのことを思い出してください。WACCとは、負債コストと株主資本コストを加重平均したものでした。経営者にとってみれば、資金調達のコストです。

では、なぜWACCで割引くのでしょう

か？

これについては、誰かにお金を貸すときのことを思い浮かべてください。たとえば、あなたが信頼している人に１００万円貸すのであれば、一年後の返済額は１０２万円でもいいわけですね。しかし、リスクがある人に貸す場合には１２０万円、いや１３０万くらいでしょうか。この差は、貸す相手によって、あなたのリスク認識が異なることから、期待収益率に違いが出てきたものです。

投資家の視点に立った場合の期待収益率は、経営者の視点に立った場合にはＷＡＣＣです。つまり視点が違うだけで、両者はまったく同じものです。そして、期待収益率には、その企業に対して、「少なくともＷＡＣＣ以上の収益率で運用してくれよ」という投資家の願いが込められています。言い換えれば、投資家にとって、運用して欲しい最低限の収益率ということです。

これが、企業が生み出す将来のフリーキャッシュフローをＷＡＣＣで割り引くことの本質的な意味です。

図34　存続期間と一定成長期間

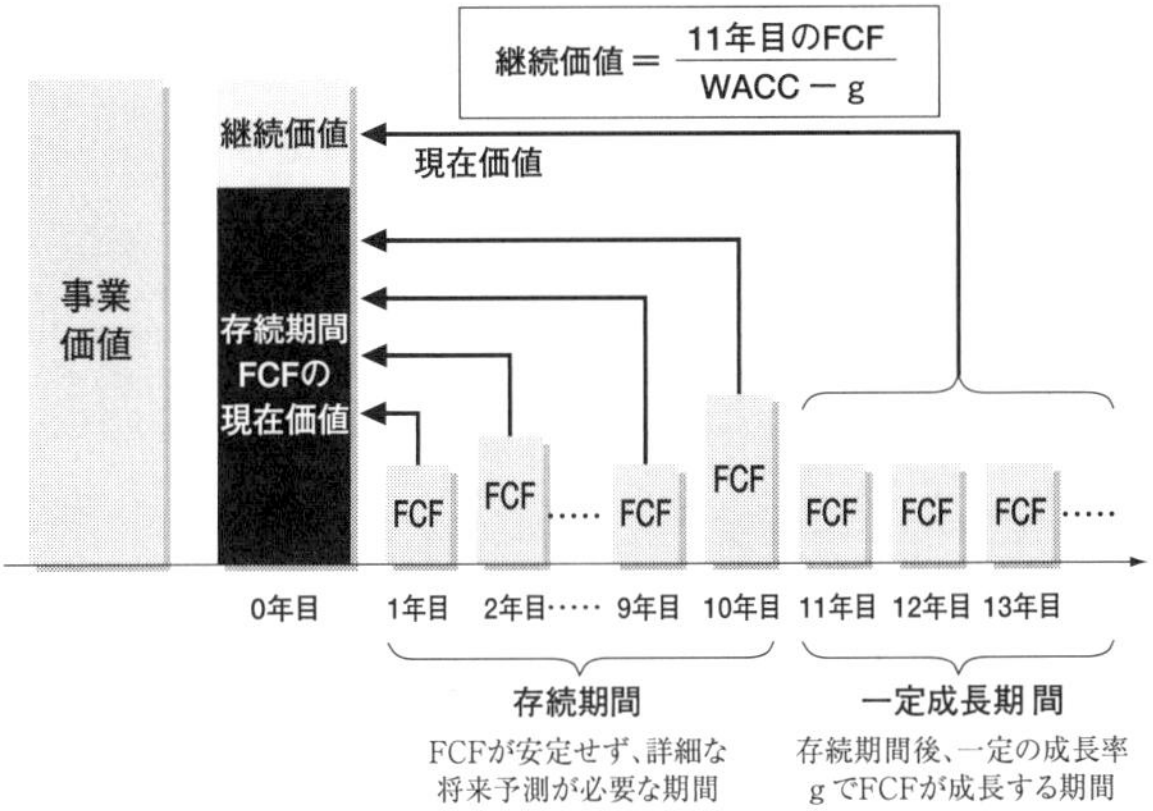

企業価値の計算

材料がそろったところで、実際に企業価値を計算してみましょう。

ここで前章で、永久債の現在価値の計算についてお話ししたことが活きてきます。というのも、企業価値の計算の場合も同様にして、将来生み出すであろうキャッシュフローの予測を行うからです。

私たちが企業価値を算出する際には、まずは、企業が生み出すであろう将来のフリーキャッシュフローを予測します。といっても、永遠に予測することはできないので、企業が成長期から成熟期に移行するまでの年数をある程度予測して、それから先はそのフリーキャッシュフローが横ばいのまま続くのか、一

【継続価値の計算式】

$$継続価値=\frac{予測期間の翌年のFCF}{WACC-g}$$

FCF：フリーキャッシュフロー
g：FCFの成長率

定成長率で増加していくのかを予測します。言い換えれば、企業が成長期から成熟期に移行して落ちつくまでは、一年ごとにキャッシュフローを予測するわけです。この予測期間以降のフリーキャッシュフローの事業価値（継続価値）は、先述した永久債や成長永久債の現在価値を求める公式を使います。

では、ここに具体的に数字をあてはめて考えてみましょう。キャッシュフローの予測期間が一〇年間で、一一年目からはフリーキャッシュフローが2％という一定の成長率で増加していくとします。一一年目のフリーキャッシュフローが5億円、WACCを10％と仮定すると、継続価値（＝一一年目以降のフリーキャッシュフローの現在価値の合計）は、

$$\frac{5\text{（億円）}}{10\% - 2\%}$$

で求めることができます（答えは62億５０００万円）。
ここで注意しなくてはいけないのは、この継続価値は、あくまで現時点から一〇年目の時点における現在価値であるという点です。したがって、継続価値の事業価値を求めるには、こうして求めた継続価値を、さらに一〇年分割引く必要があります。

株価が高すぎるときは……

こうして求めた企業価値から、債権者の取り分である有利子負債（＝債権者価値）をマイナスすると、**株主の取り分である株主価値**を求めることができます。そして、その株主価値と、株式の時価総額（株価×発行済株式数）、つまり現在マーケットが付けている価格とを比較してみるわけです。そうしてはじめて、理論株価（株主価値／発行済株式数）に対し、マーケットが付けた株価が割安なのか割高なのかを判断できるのです。

また株主価値は、M&Aの際にベースになりますし、きちんとした投資家にとっては株式投資の時にも目安となります。

企業価値は公表されているわけではありません。ましてや、唯一無二の「正解」があるわけでもありません。なぜなら、投資家によって、その企業に対して抱くリスク認識がちがうからです。しかし経営者は、将来の業績予測に基づいて、いまの株価が適正な価格なのかどうかを自ら把握しておく必要があるでしょう。

たとえば、経営者が考える妥当な株価と比較して実際の株価が高過ぎる場合、二つの原因が考えられます。一つは、収益予想、すなわち将来のフリーキャッシュフローを投資家が高めに考え過ぎている、もう一つは、投資家のリスク認識が低過ぎる、です。いずれにしても中長期的な視点に立てば、企業の実態とかけはなれた株価がつくのは好ましいことではありません。いつかは株価の下落という形で、顕在化することになります。

以上が企業価値についてのお話です。考え方としては、それほど難しいものではないということがお分かりいただけたかと思います。特に経営者の方には、きちんと理解しておいていただきいと思います。

運転資金のマネジメント

つづいて、企業価値を高めるためにはどうしたらいいのか、これについて考えてみましょう。

結論から申し上げますと、フリーキャッシュフローを極大化して、割引率であるＷＡＣＣをできるだけ下げる。あとは余計な非事業資産があるなら、それを売却するなりしてキャッシュに変え、再投資に回す、あるいは投資家に還元する、こういったことが考えられます。

それでは、フリーキャッシュフローを極大化するにはどうすればよいのでしょうか。これは、フリーキャッシュフローを構成する要素に分けて考えていくと、自ずと答えが出てきます。

まず営業利益を多くする。あとは税金をどう減らすことができるかを考える。グローバルに事業を展開している企業でしたら、各国の税制を考慮しつつ、最適解を追求する必要があるでしょう。

続いて、設備投資の見直しを行います。きちんとした判断基準に則って設備投資を行っているのか？　ＷＡＣＣ以上のＲＯＩＣ（投下資本利益率）が見込める投資案件でなければ、企業価値を毀損するおそれがあります。そのためにも、投資判断基準（これについては次章でお話しします）の明確化が大切でしょう。

また先述した通り、設備投資というのは現在と将来とのバランスで決まります。すなわち現時点での設備投資をケチれば、目下のフリーキャッシュフローは増えますが、将来のフリーキャッシュフローは減ってしまいます。それでは、気前よく設備投資をすればいいのかといえば、それもまたちがいます。このあたりのバランスをどう取るか、という視点が求められるわけです。

さらに運転資金の管理をきちんと行うことも大切です。

在庫も運転資金に大きく関わってきます。バランスシートを思い出してみてください。資産サイドにある在庫を支えるためには、なんらかのお金を調達してくる必要がありました。在庫の反対側には、お金があるわけです。私が通ったビジネススクールのファイナンスの教授は、よく「在庫は現金だ！」と叫んでいました。たとえば、いままでは商品在庫が一個だったのが一〇個に増えているということは、その分だけお金が必要になっているということです。したがって、どこかからその分のお金を用立ててこなければいけない、ということになります。このように在庫の増加も、運転資金の増加につながるわけです。

あとは、支払サイト（＝支払までの期間）が変わることも、運転資金の増減に影響します。たとえば、いままで、商品を受け取ってから支払までに三カ月の猶予があったとします。これは、取引先に三カ月間お金を借りていたのと同じことです。しかしあるとき突然、取引先から、商品を納入するのと同時に「支払ってくれ」といわれたらどうでしょう。困りますよね。新たにお金を用意する必要が出てきます。このように、支払サイトの短縮は、運転資金の増加につながるわけです。

このようなメカニズムは、なにも経営に携わる者や財務担当の人間だけが知っていればいいというものではありません。

たとえば、生産に携わる人は、生産ラインを止めないよう、ある程度、在庫を余分にもつということもあるでしょう。これは、彼らにとっては、合理的な行動かもしれません。しかし、会社全体にとっては、それが合理的といえるかどうかはまた別の問題です。営業にしたって、いくら売上を上げても、代金を回収しなければ、資金繰りは厳しくなるわけです。

【おさらい】

ここで、運転資金のマネジメントについての話をまとめておきましょう。

運転資金が増えると、フリーキャッシュフローが減少する。これは、企業価値の減少につながります。運転資金が増える理由はいろいろあるのですが、ケースとしては、資産サイドが膨らむ、つまり売上債権や在庫が膨らむことによって増えることが多いといえます。となれば、運転資金の増加を防ぐには、売上債権と在庫を圧縮する必要があります。売上債権の回収期間をできるだけ短くするには、営業担当者の教育が求められるでしょうし、在庫を少なくするためには、在庫を適正な水準に保つことを周知徹底することが重要になってくるでしょう。

企業価値を高めるためにはいくつか方法がありますが、なかでも忘れられがちなのが、この運転資金のマネジメントです。どうぞ覚えておいてください。

ダブルカウント

これまで、企業価値の算出の方法を見てきました。企業価値というのは、数字できちんと表されるものなのだということがお分かりいただけたかと思います。

ところが、こう申し上げますと、必ず、こうおっしゃる方がいるんですね——数字に表れない企業のブランド価値といったものが無視されているのではないか、と。もしかしたら、あなたもそう思ってはいませんか。

しかし、ここで視点を変えてください。ブランドがあるからこそ、お客様がその企業の商品を買ってくれ、売上が上がるのです。つまり、結果的に、フリーキャッシュフローが生まれるわけですね。そう思えば、企業価値には、そのブランド価値がちゃんと反映されていることがお分かりいただけると思います。ブランド価値が反映されているフリーキャッシュフローから算出された事業価値に、ブランド価値を加えてしまったのでは、それこそ、ダブルカウントになってしまうわけです。

第5章　投資の判断基準

投資判断の決定プロセス

企業は投資なくして、企業価値を高めることはできません。その意味では、現在の投資が企業の将来を左右するといっても過言ではありません。そこで、ここからは、経営者が企業価値を上げるためにはどのような事業に投資をしたらいいのかという、その判断基準についてお話ししてみたいと思います。

投資判断の決定プロセスは、

①そのプロジェクトから生み出されるキャッシュフローを予測する。
②予測したキャッシュフローの現在価値を計算する。
③投資判断指標の計算を行う。
④その計算結果と採択基準とを比較、基準を満たしていれば投資を行い、基準を満たしていなければ投資を見送る。

となります。

図35　投資判断の決定プロセス

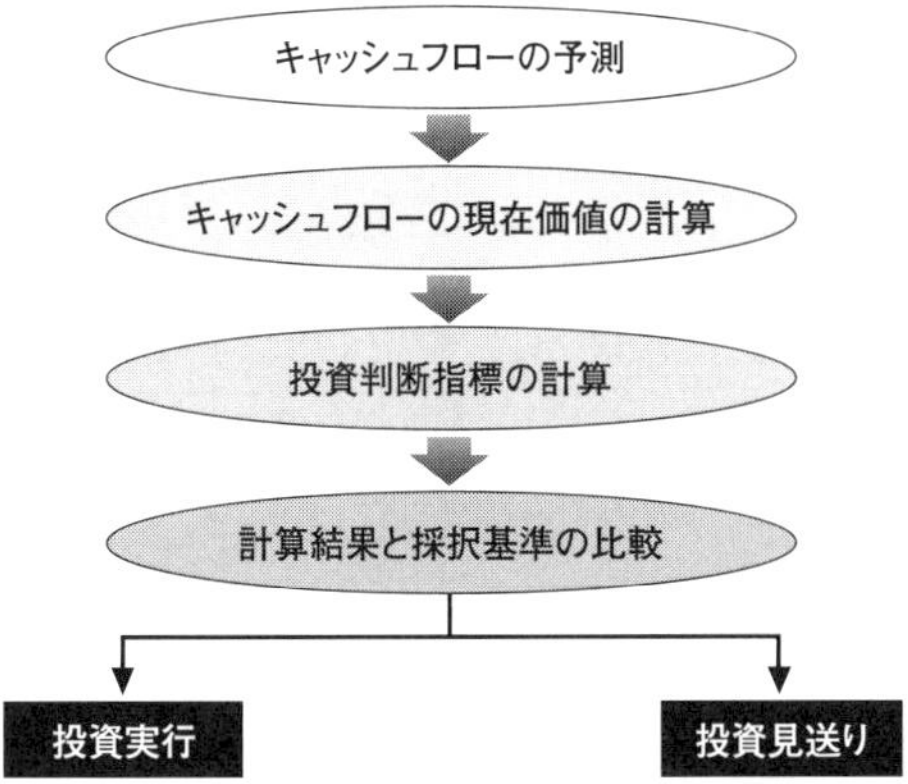

NPV法

日産自動車では、③の投資判断指標について、NPV（Net Present Value「ネットプレゼントバリュー」＝正味現在価値）法を採用していました。そこでまず、このNPV法にしたがって話を進めていきましょう。

この考え方は、企業価値についての話の後では、比較的理解しやすいのではないかと思います。実は、プロジェクトに投資するということは、「プロジェクトが将来生み出すであろうフリーキャッシュフローを購入する」ことと同義です。そのときの判断基準については、将来のフリーキャッシュフローを現在価値より低い価格で購入できたら、「よい買い物」ということになります。

こうしたことを、ファイナンスでは次のように説明します。あるプロジェクトが将来生み出すキャッシュフローの現在価値（キャッシュインフローの現在価値）と、そのプロジェクトに必要な投資額の現在価値（キャッシュアウトフローの現在価値）を比べてみて、前者の方が大きい場合は「投資してもＯＫ」となるわけです。**「キャッシュインフローの現在価値」から「キャッシュアウトフローの現在価値」をマイナスしたものがＮＰＶ**です。このＮＰＶと、第3章でお話ししたＰＶ（現在価値）は混同しやすいのでご注意ください（ＮＰＶにしろ、ＰＶにしろ、ＥＸＣＥＬを使えば簡単に計算することができます。詳細については、拙著『道具としてのファイナンス』をお読み下さい）。

このＮＰＶ法は、名前こそなにやら難しげですが、私たちが日頃行っている経済活動と実は密接に結びついています。

世の中の経済活動は、すべて「価格と価値との交換」です。つまり、支払う価格よりも価値の高いものを常に手に入れ続けることが、経済的に豊かになるということなのです。たとえば、１００円のニンジンを買う場合、それが１００円の価格以上の価値があるのかどうかということを、私たちは無意識に判断しています。このように日常の買い物では無意識に行

【NPV法】

NPV＝プロジェクトが将来生み出すであろうキャッシュフローの現在価値（キャッシュインフローの現在価値）

　　－プロジェクトに必要な投資額の現在価値（キャッシュアウトフローの現在価値）

NPV＞0：投資を実行すべき

NPV＜0：投資を見送るべき

NPV＝0：投資してもあまり意味がない

【NPV-R】

$$\text{NPV-R} = \frac{\text{キャッシュインフローの現在価値}}{\text{キャッシュアウトフローの現在価値}}$$

っていることを、意識的に事業に応用したものがNPV法であるといえます。

実際には、NPVが0より高ければ、「投資すべき」になります。価格よりも価値が高いことになるからです。反対に、NPVが0よりも低ければ、「投資を見送るべき」となります。価格よりも価値が低いことになるからです。また、NPVが0であれば、価値と価格がイコールということですから、この事業に投資しても企業価値は変わりません。つまり、「投資をしてもあまり意味がない」となるわけです。

ちなみに私が在籍していた当時の日産では、NPV法をちょっと変形したものを、NPV－Rと名づけて使用していました（計算式は175ページの囲み）。この数字が、1・5以上であればよい、という目安だったのです。言い換えれば、100円という価格を支払うのであれば、それによって手に入れるものの価値、つまり、キャッシュインフローの現在価値が150円以上ないとダメ、ということです。この1・5という数字は、かなり厳しい数字です。

多くの企業は、NPV法のような投資判断指標を採用していません。NPV自体を計算している企業も少ないようです。しかし、先にも申し上げましたが、考え方としてはそれほど難しいことではありません。価値と価格を比べるだけのことですから、いたってシンプルです。

先ほどの投資判断の決定プロセスの四段階の中で、どれが一番難しいかというと、①の、プロジェクトから生み出されるキャッシュフローの予測です。海外や国内の経済状況といったマクロな視点をはじめ、企業を取り巻くビジネス環境などさまざまな要素を考慮に入れる必要があるからです。

割引率は高すぎても、低すぎてもよくない

ここで、第３章の将来価値や現在価値の話を思い出してください。将来価値を現在価値に直すときに使う利率のことを覚えていらっしゃいますか？　そうです、割引率でした。プロジェクトが将来生み出すであろうキャッシュフローの現在価値を求めることは、将来価値を現在価値に直すことですから、ここでも割引率を使います。

ただ、プロジェクトの投資判断に使用する割引率（＝ハードルレート）の設定には、なかなか難しいものがあります。少なくとも、資金提供者である投資家（株主と債権者）の要求するリターン（＝期待収益率＝ＷＡＣＣ）以上にする必要があります。

プロジェクトのリスクが高ければ、「ハイリスク・ハイリターンの原則」に照らして、高いリターンが欲しくなります。そうすると、割引率は高く設定されます。割引率が高いということは、プロジェクトが生み出すキャッシュフローの現在価値の合計が減少しますから、ＮＰＶも当然ながら減少します。つまり、価格と価値の差が少ないわけですね。そうしてＮＰＶがマイナスになれば、そのプロジェクトは「投資不適格」ということになります。

日産自動車の場合、プロジェクトの実施国によって、カントリーリスクなどを考えながら割引率を使い分けていました。ＯＥＣＤ（経済協力開発機構）加盟国以外の国で行われるプ

図36　割引率とNPVの関係

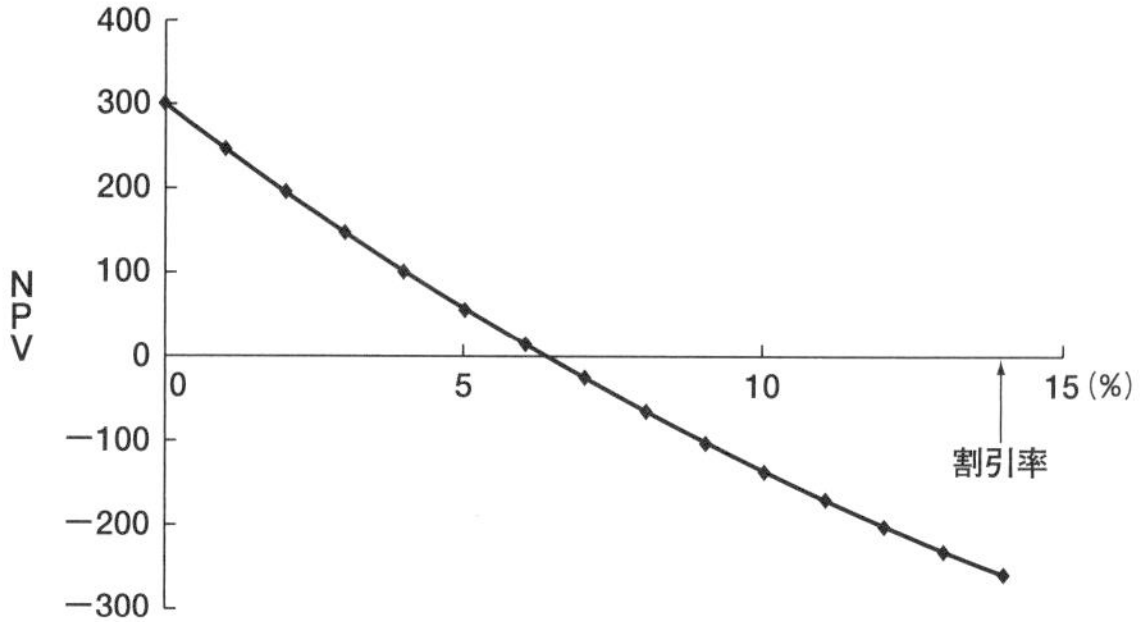

割引率が高くなれば、プロジェクトが将来生み出すCFの現在価値の総和が減少する。その結果、NPVも減少する

ロジェクトの場合、加盟国で行われるプロジェクトに比べて、リスクプレミアム分だけ高く設定していたのです。（ただ、一九九九年のルノーとの合併以来、投資判断指標に使っていた割引率が、その後「それでは高すぎる」という指摘がなされ、二〇〇三年に見直しとなりました）。

では、ここで質問です。割引率が高すぎることの弊害は何でしょうか？　また、低すぎることの弊害は何でしょうか？

いかがですか。お分かりになりましたか。

高すぎることの弊害、それは新しい事業を展開しにくくなることです。そうなると、優良なプロジェクトを見逃して、チャンスを失ってしまう可能性も出てくるわけです。しか

図37　企業価値とプロジェクト

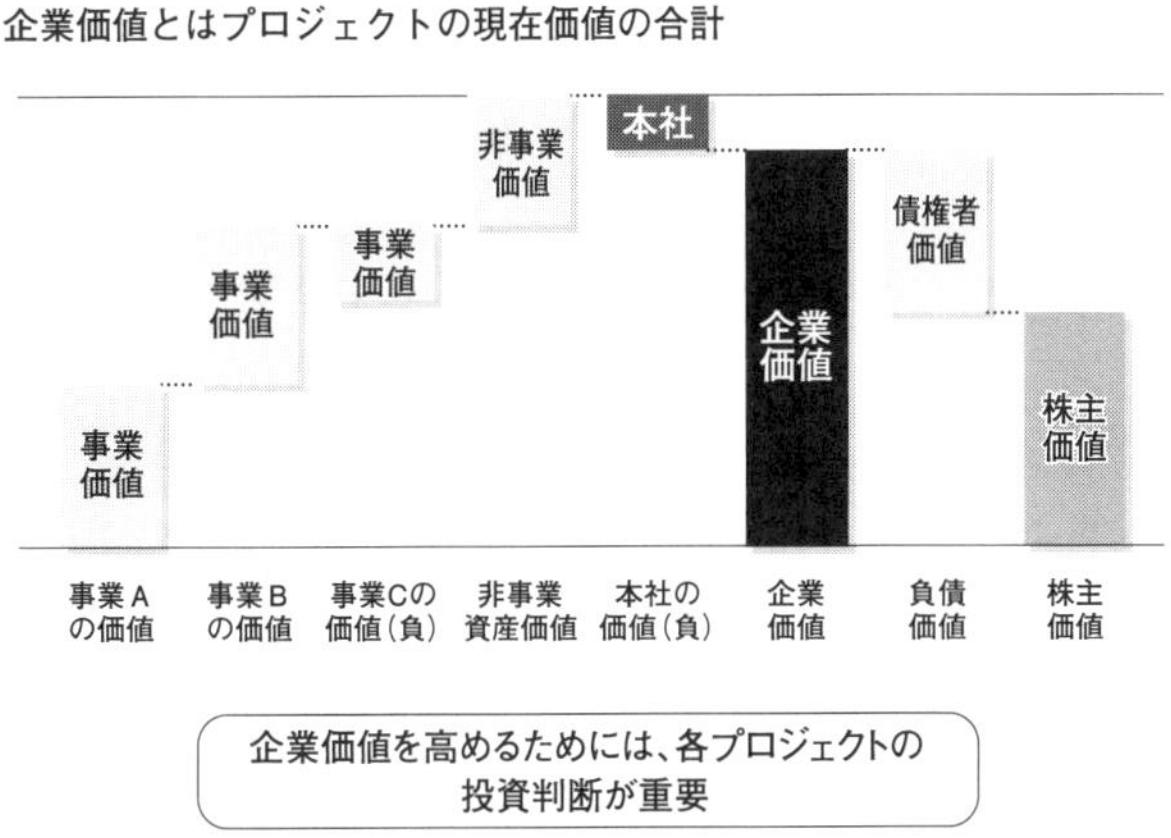

し、そうかといって、割引率が低すぎると、雑多なプロジェクトにまで手を出すことになり、それはそれで危険なことでもあります。

本社機能のNPVがマイナスの理由

ここで、企業のそれぞれのプロジェクトにおけるNPVと企業価値との関係を考えてみたいと思います。

図37をご覧ください。実際のビジネスの現場では、さまざまなプロジェクトが進められていると思います。NPVがプラスとなっているプロジェクトもあれば、当初の予測がはずれてしまい、NPVがマイナスになってしまったプロジェクトもあるでしょう。これら、プロジェクトの現在価値の合計が企業価値に

なるわけです。

ここで本社機能のＮＰＶはマイナス（負）になっていますね。それは、本社がプロジェクトに投資しているわけではないため、そうなっているのです。もちろんマイナスだからといって、本社機能が必要ないわけではありません。このマイナスは、「本社機能そのものはキャッシュを生み出していない」という意味の「マイナス」なのです。

いずれにしても、**各プロジェクトのＮＰＶの合計に本社機能のＮＰＶを加えたものが、事業価値になる**わけです。これに非事業価値を加えることによって、企業価値が計算でき、そして、この企業価値から、有利子負債（＝債権者価値）を引いたものが株主価値であることは、前章でお話しした通りです。

ですから、企業価値を高めるためには、各プロジェクトにおける投資判断が重要ということになるわけです。

ＩＲＲ法

ＮＰＶ法以外にも、プロジェクトの投資判断指標はあります。そのひとつ、ＩＲＲ法について、これからご説明しましょう。どちらかというと、こちらの方が日本の企業にはなじみ

図38　IRR法①

IRR5.71％のプロジェクトA

	2007年 1月	2007年 12月末	2008年 12月末	2009年 12月末	2010年 12月末	2011年 12月末
プロジェクトAのCF	−1,000	150	200	250	300	300

（万円）

預金金利5.71％のX銀行

	①預金残高 （1月1日）	②利　息 （①×5.71％）	③引出し額	預金残高 （12月31日） （①＋②＋③）
2007年	1000.00	57.1	−150.00	907.1
2008年	907.1	51.80	−200.00	758.9
2009年	758.9	43.33	−250.00	552.23
2010年	552.23	31.53	−300.00	283.76
2011年	283.76	16.20	−300.00	0.00

（万円）

があるかもしれませんね。

　IRRは内部収益率（Internal Rate of Return）の頭文字をつなぎ合わせた言葉です。これを定義すると、「あるプロジェクトがあったときに、NPVが0になるような割引率」となります。つまり、「**価値と価格とがちょうど均衡するような割引率**」のことです。

　IRRは、EXCELのIRR関数を使えば、簡単に計算することができます（詳細については、拙著『道具としてのファイナンス』をお読み下さい）。

　ここで図38をご覧ください。

プロジェクトAがあるとします。そのIRR、つまりNPVが0になるような割引率は5・71％です。言い換えれば、IRR5・

71％のプロジェクトに投資するということは、預金金利5・71％の銀行にお金を預けることと同じです。

といわれても、ピンと来ない方が多くいらっしゃると思いますので、これについて順を追ってご説明いたしましょう。

まず、現在が二〇〇七年一月一日だとして、いま1000万円をX銀行に預けるとします。X銀行の金利が5・71％の場合、その年の大晦日に57・1万円の利息がつきます。同時に、預金口座から150万円を引き出します。そうすると、預金残高は907・1万円になります。これを預けたままにしておき、二年目も5・71％で運用をして、二〇〇八年の大晦日に200万円を引き出す、同様の過程を経て、二〇〇九年の大晦日に250万円引き出す、二〇一〇年の大晦日にも300万引き出す……。そうすると、五年後の二〇一一年一二月三一日には、銀行の預金残高がゼロになります。

こうしてみると、プロジェクトAと銀行預金が生み出すキャッシュフローパターンがまったく同じであることに気づかれると思います。X銀行に1000万円預けるということは、X銀行に1000万円投資することと同じです。そして、一年目に預金口座150万円を引き出すということは、プロジェクトAが生み出した150万円を受け取るということと同じです。こうして二年目から五年目まで、プロジェクトＡと同じ額のキャッシュを引き出すことができるわけです。内部収益率５・71％のプロジェクトＡに投資することが、年率５・71％の銀行預金にお金を預けるのと同じだというのは、このことをいいます。実は、これこそがＩＲＲの本質的な意味なのです。

ＷＡＣＣと比べる

このＩＲＲ法を使ってプロジェクトを実行するかしないかの意思決定を行う際に、判断基準となるのが、これまでに何度も出てきた、企業の調達コストであるＷＡＣＣ（加重平均資本コスト）です。

ＩＲＲ法における投資の意思決定のプロセスは、

①そのプロジェクトから生み出されるキャッシュフローを予測する。
②プロジェクトのＩＲＲを計算する。
③〈IRR ＞ WACC〉ならば投資実行、〈IRR ＜ WACC〉ならば投資見送り。

図39　IRR法②

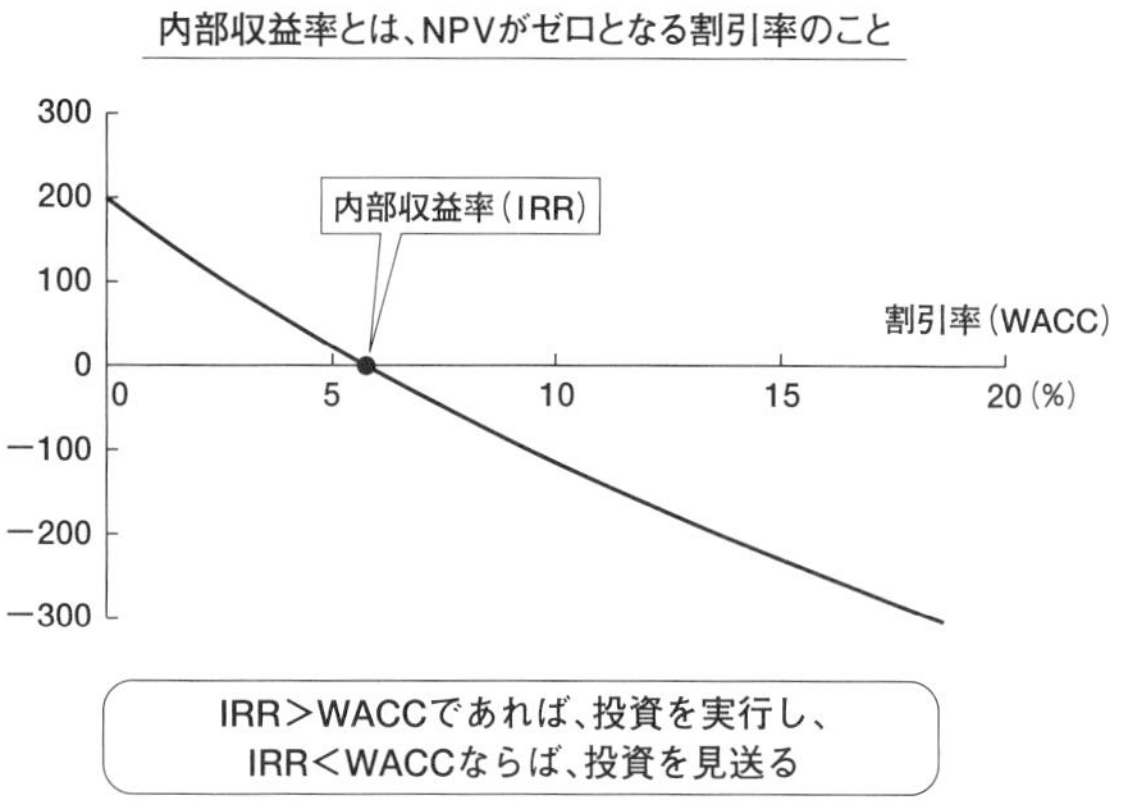

となります。

最初に、キャッシュフローを予測するのはＮＰＶ法の場合と同じです。そしてプロジェクトのＩＲＲを計算して、ＷＡＣＣと比べて高ければ投資実行、低ければ投資を見送るわけです。

ところが実際には、ＷＡＣＣを考慮して投資判断している会社は少なく、ＩＲＲを計算しているだけで事足れりとしているケースが多いのです。

ＮＰＶがプラスなどというよりも、「ああ、あのプロジェクトの利回りは8％だよ」という方が、「ああ、結構いいじゃない」と、感覚で思えてしまう（笑）。そんなところが、ＩＲＲ法が分かりやすいといわれる所以なのでしょうか。

けれども重要なのは、何と比べて８％という利回りがいいのか、ということです。そうでなければ、調達サイドを無視して、運用サイドにしか目が行っていないことになります。そのため、ＩＲＲ法では、ＩＲＲとＷＡＣＣとを比べなければなりません。ここがポイントです。

先のＸ銀行の例を使うと、「Ｘ銀行にお金を５・７１％で預けるといいますが、そのお金を何％で調達してくるつもりなのですか」ということです（10％で調達してきたお金を、５・７１％の預金口座で運用するなんてバカげた話はありえません）。調達コスト（＝ＷＡＣＣ）以上の収益率が期待できる預金口座（＝プロジェクト）で運用する必要があるのです。

ＩＲＲ法の欠点

このＩＲＲ法の特徴というか欠点には、次のようなものがあります。まず、プロジェクトのキャッシュフローのパターンによっては、解が存在しない場合や、解が複数存在する場合があることです。また、永続的にキャッシュフローが発生する場合は計算ができません。

そして、ＩＲＲ法はプロジェクトの規模の違いを反映しません。ですから、規模の異なる

図40　NPVルールとIRRルール

◆WACC 10%の場合

年度	0	1	2	3	4	5	NPV	IRR
プロジェクトA	−700	150	150	200	250	450	160.76	17.1%
プロジェクトB	−700	300	300	250	150	100	173.03	21.2%

◆WACC 5%の場合

年度	0	1	2	3	4	5	NPV	IRR
プロジェクトA	−700	150	150	200	250	450	309.94	17.1%
プロジェクトB	−700	300	300	250	150	100	275.54	21.2%

二つのプロジェクトを比較して、「こちらの方がＩＲＲが高いから」ということで選択すれば、判断を誤るケースもあります。

たとえば、あなたが図40のプロジェクトＡとプロジェクトＢのどちらかに投資しようとしているとしましょう。ＩＲＲ法とＮＰＶ法とでは、結果が逆になってしまう場合があるのです。

ＮＰＶ法とＩＲＲ法でＷＡＣＣが10％の場合は、ＮＰＶ法でもＩＲＲ法でもプロジェクトＢを選ぶべきです。ＩＲＲが21・2％あり、ＷＡＣＣが10％としますと、これよりも高いですからね。これは問題ないでしょう。

ところが、ＷＡＣＣが５％になってしまうと、ＮＰＶ法ではプロジェクトＡを、ＩＲＲ

法ではプロジェクトＢを選択すべき、と答えが割れてしまいます。こんな場合はどうすればよいのでしょうか。

企業価値という観点からすれば、ＮＰＶ法での結果を反映したプロジェクトを選択すべきです。先ほど、「ＮＰＶの合計が企業価値（正確には、事業価値）になる」ということをお話ししましたね。経営者の目指すゴールは何か、それは企業価値を高めることです。つまり、プロジェクトの利回りが単純に高くても、企業価値に与えるインパクトが小さくては意味がありません。これが、プロジェクトの規模を反映しないというＩＲＲ法の弱点です。

このあたりのことをきちんと理解した上でＩＲＲ法を採用するのでしたら問題ありません。しかし、実際にはそこまで考えて使っている会社は少ないと思います。先日もファイナンスをテーマとする研修の講師として、ある大手企業にお伺いしたのですが、ＩＲＲ法を採用してはいたものの、「なんだかよく分からないけれども計算をしている」という状態でした。

図41　回収期間法

年　度	0	1	2	3	4	5
プロジェクトAのCF	−500	100	110	120	130	140
累積CF	−500	−400	−290	−170	−40	100

（万円）

$$回収期間 = 4 + \frac{40}{140} = 4.29年$$

回収期間法

プロジェクトの投資判断指標にはもう一つ、回収期間法があります。参考までにこれについても説明しておきましょう。

回収期間法では、投資した資金が何年で返ってくるのかを計算します。

具体例を挙げましょう。図41をご覧ください。投資額500万円のプロジェクトAについて、四年目までに累積で460万円を回収しています（100＋110＋120＋130）。全額回収するためには、五年目に残りの40万円を回収しなくてはなりません。

五年目には、40万円が年度にわたって均等に回収できると仮定すると、投資額を回収し終えるまでに、

$\frac{40}{140}$ ─五年目のキャッシュフロー

で、０・２９年（約3カ月半）必要となります。

したがって、プロジェクトAの投資額の回収期間は４・２９（4年＋０・２９年）になるわけです。

もし、「プロジェクトの投資額の回収期間は三年以内」というルールがあるなら、プロジェクトAへの投資は見送りになります。

このように分かりやすいこともあってか、回収期間法を使っている企業も案外多いのですが、大きく四つの問題点があります。

第一に、「お金の時間価値を無視している」ことです。一年目のお金と二年目のお金をまったく同じに扱っています。

二番目に、この方法では、回収期間以降のキャッシュフローの価値を結果的に無視することになります。プロジェクトAの場合、回収期間法にしたがって計算した結果、「４・２９年で回収」という数字が出てきたわけですが、これ以降急激にキャッシュフローが増えるようなプロジェクトを見送ってしまうのか、という問題が出てきます。

三番目に、プロジェクト全体のリスクを無視しているという弱点もあります。NPV法やIRR法では、割引率を調整することによってプロジェクトのリスク（＝将来キャッシュフローの不確実性）を反映することができたのですが、回収期間法ではそれができません。

四番目として、回収期間の基準があいまいであることが挙げられます。

以上、回収期間法の問題点を挙げてきたわけですが、その一方で、この方法は非常に分かりやすいというメリットがあります。問題点を理解した上で、参考にする程度ならば採用してもよいのではないかと思います。実際に、日産でもこの数値を出していました。ただ、この指標だけで投資判断はできないということは覚えておいてください。

【おさらい】

ここで投資判断指標について、簡単におさらいしましょう。

NPV法では、価値と価格を比較して、価格以上の価値があるプロジェクトに投資します。このとき、NPVが0より高ければ投資実行、0より低ければ投資は見送ります。

そして、この方法は、企業価値を高める投資について判断する上で、非常に優れた指標であるということがいえます。

　ＩＲＲ法であれば、ＩＲＲ（内部収益率）の数字だけで判断するのではなく、ＷＡＣＣ（加重平均資本コスト）と比べてみなければなりません。その上で、ＷＡＣＣよりも高ければ投資実行、低ければ投資は見送ります。ただしこの方法では、プロジェクトのキャッシュフローパターンによっては、ＩＲＲが計算できなかったり、複数解出てきたりする可能性があることや、プロジェクトの規模を反映しない、などの弱点があることを念頭におく必要があります。

　その他、投資判断指標には回収期間法などもあるのですが、こちらもいくつかの問題点があります。あくまでもＮＰＶ法やＩＲＲ法の補助的な指標として使用すべきでしょう。

プロジェクトの数だけＷＡＣＣが存在する

プロジェクトのリスク管理という点では、日本企業の中で、商社が進んでいると思います。というのも、商社はそれこそ、「ラーメンからミサイルまで」といわれるほど、取り扱う商品・事業が多岐にわたっており、これらリスクのまったく異なる事業に投資しているといえるからです。

この場合、それぞれの事業のリスクとリターンを考える必要があります。プロジェクトのリスクはさまざまです。したがって、すべてのプロジェクトに対する期待収益率＝WACCが同じというわけにはいかないでしょう。WACCはプロジェクトの数だけ存在するといえるかもしれません。

たとえば、日産の全プロジェクトを日産の全社共通のWACCを使って計算すべきかというと、それは違います。あくまでも日産の自動車事業に関わるものだけで、航空機エンジンの開発プロジェクトを立ち上げようという場合、従来のWACCでそのプロジェクトが生み出すキャッシュフローを割引くことはできません。

なぜでしょうか？　自動車事業と航空機エンジン開発事業とでは、事業リスクが異なるからです。後者の方が前者よりもリスクが高いのであれば、従来のWACCにリスクプレミアムを上乗せしなければならないわけです。

それでは、そのリスクプレミアムをどうするか。その場合は、同じ航空機エンジンを作っている他の会社の資本コストを参考にして、彼らの事業リスクはどれくらいかを調べます。事業リスクを見越して投資家は投資しているはずですから、投資家が求めている期待収益率

（＝ＷＡＣＣ）は何％ぐらいなのかということを、リサーチして業界平均を割り出し、プロジェクトの割引率に使うのです。実際には、そんな具体的な議論にまでは、なかなか進まないのですが……。

第6章　お金の借り方・返し方

経営者には、自社の企業価値を向上させるために、どのような形で資金調達を行ったらいいのか、という視点が必要です。また同時に、リターンをどのように配分するかに関しても考えねばなりません。本章では、そのあたりの話を中心に、資本構成や格付け、配当についても話を進めたいと思います。

レバレッジ効果

あなたは、レバレッジ（Leverage）という言葉をお聞きになったことがあるでしょうか。ファイナンスでは、「**レバレッジをかける**」などとよくいいます。これは、「借入をする」ことを意味し、いわゆる間接金融や社債などの、有利子負債を増加させることを指します。

レバレッジは、もともと「てこ」の意味です。なぜ、借入と「てこ」が関係あるのでしょうか。「てこ」の力を使えば、それまで動かなかったものや動かしにくかったものが、動くようになることがありますね。そこから転じて、自己資本（株主資本）だけでは動かなかったプロジェクトが、有利子負債を増やすことによって動かせるようになった、より大きなリターンを得られるようになった、そんな意味合いで使われているわけです。ただ、あくまで

図42　レバレッジ

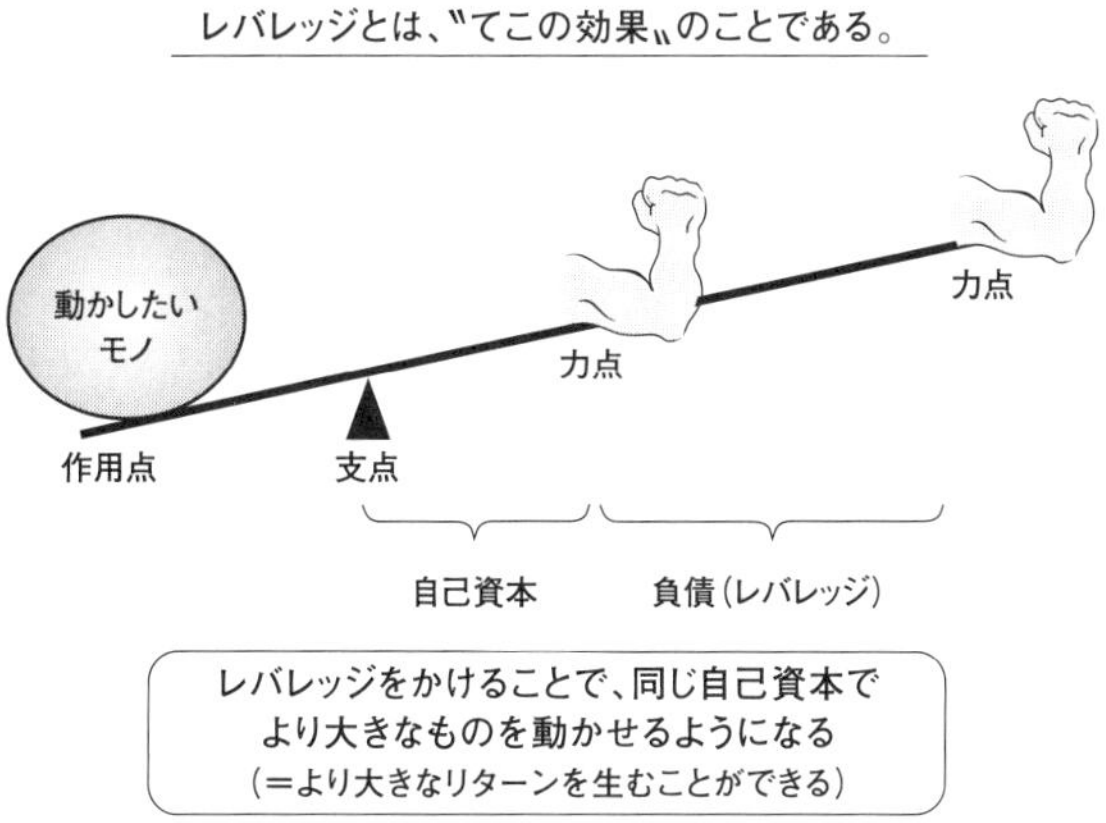
レバレッジとは、〝てこの効果〟のことである。
動かしたいモノ
作用点
支点
力点
力点
自己資本
負債（レバレッジ）
レバレッジをかけることで、同じ自己資本で
より大きなものを動かせるようになる
（＝より大きなリターンを生むことができる）

も「てこ」を使っているのは、**債権者ではなく株主**であるということが重要です。

　レバレッジは、なにも企業に限った話ではありません。私たちはふだんの生活でも、「レバレッジをかける」ことをしばしば行っています。たとえば、マイホームを購入する際に、ほとんどの人は住宅ローンを組みます。これもレバレッジにほかなりません。つまり、自己資本に対してレバレッジをかけることで、より大きな買い物ができるようになるわけです。

　一見いいことずくめのようなレバレッジですが、ほんとうにそうなのでしょうか。株式投資を例にとり、レバレッジをかける場合とかけない場合とに分けて考えることで、これ

図43　株式投資とレバレッジ

		レバレッジをかけた場合	レバレッジをかけない場合
投資金額	自己資金	100	100
	信用	200	0
	合計投資額	300	100
株価30%上昇のケース	評価額	390	130
	自己資金	190（＋90%）	130（＋30%）
株価30%下落のケース	評価額	210	70
	自己資金	10（▲90%）	70（▲30%）

（万円）

を検証してみましょう。

　図43をご覧ください。レバレッジをかける場合は、自己資金１００万円、信用２００万円の合計３００万円を株式投資に当てます。「信用」というのは、負債、借入をしてきたお金のことです。

　一方、レバレッジをかけない場合は、自己資金の１００万円しかないわけですから、投資金額は１００万円です。

　レバレッジをかけた場合は、投資した株が30%上昇したときは、３００万円に対しての30%ですから、上昇益90万円を含んだ合計額は３９０万円になります。一方で、レバレッジをかけなかった場合、すなわち自己資金のみの場合は、１００万円が１３０万円になります。

レバレッジをかけた場合は、100万円の自己資金に対して、390万円から信用の200万円を引いても、結局190万円は手元に残るわけです。ということは、収益率は、

$$\frac{190-100}{100}$$

で90%です。

一方、レバレッジをかけなかった場合は、100万円が130万円になったわけですから、

$$\frac{130-100}{100}$$

で30％の収益率ということになります。

反対に、株が下落したときはどうでしょうか。株価が30％下落したとき、レバレッジをかけた方は２１０万円となり、信用の部分２００万円を引くと、手元に残ったのは10万円です。

したがって、収益率は、

$$\frac{10-100}{100}$$

図44　ファイナンシャル・レバレッジの効果

正の側面
負の側面
レバレッジ
効　果
少ない資本で
大きなリターン
を得られる
リスクが増大し、
損失額が膨らみや
すい

でマイナス90％です。

一方、レバレッジをかけなかった場合には、100万円から70万円に減りますから、収益率は、

$$\frac{70-100}{100}$$

でマイナス30％です。

このことから、レバレッジをかけた場合の方が、かけなかった場合に比べて、リスクが高い（＝バラツキが大きい）ということが分かると思います。

私がアメリカのビジネススクールで学んでいたとき、リスク（＝危機）は危険と機会だ、という話に感銘を受けたことを第2章で申し上げましたが、まさに、その両者のバラツキの幅が大きくなるのが、レバレッジ効果ということになります。

つまり、少ない資本で大きなリターンを得られるところが、レバレッジ効果の「正の側面」で、反対に、損失額が膨らみやすいところが「負の側面」であるといえるでしょう。

MM理論

こうしたレバレッジ効果の正負の側面を考慮に入れた場合、経営者は自己資本に対して、どのくらいまで有利子負債を増やせるのでしょうか。

これを考えるということは、企業における「最適な資本構成」の割合はどれくらいか、また、そもそもそういう割合とは存在するのか、という問いにつながってきます。**資本構成(capital structure)とは、有利子負債と自己資本との割合**のことです。

最適な資本構成については、MM理論が答えを与えてくれます。これは、またの名を「モジリアーニ&ミラー理論」といい、これを発表した二人の経済学者がフランコ・モジリアーニとマートン・H・ミラーです。ミラー教授がノーベル賞を受賞した際に、「一枚のピザを二つに切っても、四つに切ってもピザ全体の価値は変わらない、ということを発見しまし

図45　資本構成と企業価値

完全市場	$V_L = V_U$ 企業価値は資本構成とは無関係に一定である
法 人 税	$V_L = V_U + T_C D$ 企業価値は節税効果の現在価値分だけ高くなる
法人税&倒産	$V_L = V_U + T_C D -$ 財務破綻コスト 企業価値は節税効果の現在価値分から財務破綻コストの現在価値分を差し引いたものになる

た」と答えたことは有名です。

ＭＭ理論の第一命題は、「完全市場においては、企業価値は資本構成とは無関係に一定である」です。完全市場とは、税金や倒産がなく、投資家や経営者が企業についてまったく同じ情報を持っていて、その情報を元に合理的に行動する市場です。これはいってみれば、理論を組み立てるために単純化した市場ということになります。

こうした完全市場の場合、企業価値は資本構成とは無関係に一定で、それを決めるのは資産サイドである、ということになります。言い換えれば、**フリーキャッシュフローを生み出す力こそが企業価値に影響を及ぼすのであって調達の方法は関係ない、**ということになるわけです。

節税効果分だけ、企業価値が高まる

ここまでの説明をお読みになって、「なんだ、それなら簡単じゃないか、有利子負債で調達しても株主資本で調達しても企業価値自体変わらないんだったら、両者の割合がどうであれ問題ないではないか」と考えてしまう方がいらっしゃるかもしれません。ところが、完全市場と違い、実際の市場には税金もありますし、倒産リスクもあります。また投資家と経営者とでは、企業に関して持っている情報が同じであるはずがありません。

ここで、有利子負債を利用すると節税効果がある、という話を思い出してください（105ページ図24）。

この例では、U社とL社の投資家（株主と債権者）のうち、有利子負債があるL社の投資家の方が、受け取るキャッシュフローの額が4百万円多くなっていました。これは、法人税の支払額が4百万円減っていることによるものです。この「負債の節税効果」のおかげで、最終的に投資家の手に渡るキャッシュフローが多くなるわけです。このキャッシュフローの違いは当然のことながら、U社とL社の企業価値の違いにつながります。

たとえば、L社とU社の営業利益と資本構成が、このまま永久に一定だとします。負債があるL社の企業価値をV_Lとし、負債がないU社の企業価値をV_Uとすれば、次の式が成り立ちます（T_Cは法人税率、Dは有利子負債の額）。

$$V_L = V_U + T_C D$$

つまり、有利子負債Dがあると、それに法人税率T_Cを掛けた節税効果の現在価値分$T_C D$だけ、企業価値が高まるというわけです。

この節税効果の現在価値について、さらにくわしく見てみましょう。支払利息は、有利子負債の額Dに、負債コストr_Dを掛けたDr_Dになります。負債により、課税対象額は、この支払利息Dr_Dだけ少なくなります。したがって、この支払利息Dr_Dに、法人税率T_Cを掛けたT_CDr_Dが、節税効果になるわけです。図24の例でいえば、

法人税率40%×負債額100百万円×金利10%＝4百万円

が節税効果です。負債があるL社は、今後もこの節税効果分であるT_CDr_Dというキャッシュフローが、永久的に毎期余分に生まれるということです。このキャッシュフローは、利息Dr_Dを支払う限り生まれます。そのリスクは有利子負債と同じとみなすことができます。したがって、負債コストr_Dで割り引くと、この節税効果の現在価値T_CDは、

$$\frac{T_CDr_D}{r_D}$$

と計算できるのです。

ちなみに、このとき、永久債の現在価値を求める公式を利用しています（141ページ参照）。毎年のキャッシュフローをC、割引率をrとすると、毎年永久にCを受け取ることのできる永久債の現在価値PVは、

$$PV = \frac{C}{r}$$

でしたね。つまり、Cに$T_C D r_D$を、rにr_Dをあてはめて、現在価値（PV）を$T_C D$と計算しているわけです。こうして、「負債を利用すると、節税効果の現在価値分だけ企業価値が高まる」という、先ほどの関係式が導き出されるのです。

このように、負債を利用すると、節税効果の現在価値分だけ企業価値が高まります。法人税を考慮すると、負債が0のときよりも負債があったときの方が明らかに企業価値は高まる

のです。

負債を増やしすぎると、企業価値は低くなる

資本構成と企業価値についてのこれまでの話をまとめますと、「完全市場において企業価値は資本構成と無関係に一定になる」ということは、理論上、間違いはありません。そこに現実世界における法人税を考慮に入れると、負債による節税効果の現在価値分だけ企業価値は高くなるわけです（図46）。

ところが、そうはいうものの、単純に負債を増やしたからといって企業価値が高まるわけではありません。

負債を増やしすぎれば、今度は倒産のリスクが高くなり、倒産した場合に生じる財務破綻コストの現在価値分だけ、企業価値は低くなってしまいます（図47）。

財務破綻コストには、破産前や破産手続き中にかかる弁護士や会計士への報酬はもちろんのこと、機会コストも含まれます。倒産の危機にさらされている場合、経営者は前向きな投資案件に時間を割くことなどできなくなります。たとえ、企業価値を高めるような投資機会があっても、新たに資金調達することは難しいでしょう。つまり、ここで投資機会を失うと

図46　資本構成と企業価値（法人税を考慮）

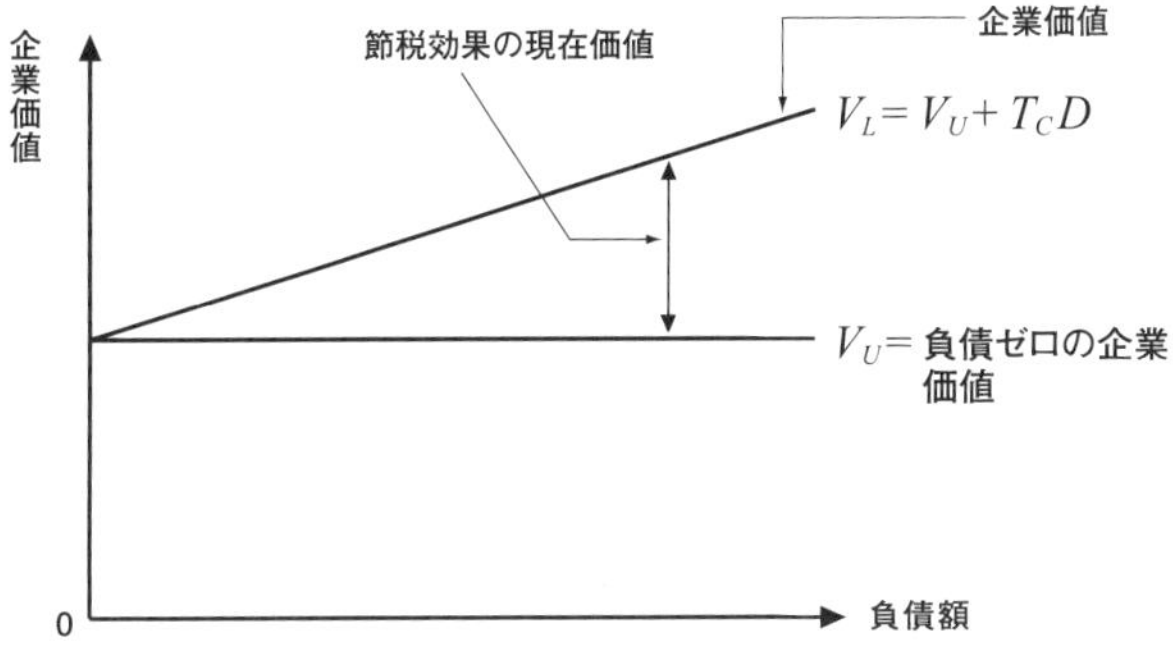

負債を利用すると、節税効果の現在価値分だけ企業価値が高まる

図47　資本構成と企業価値（財務破綻コストを考慮）

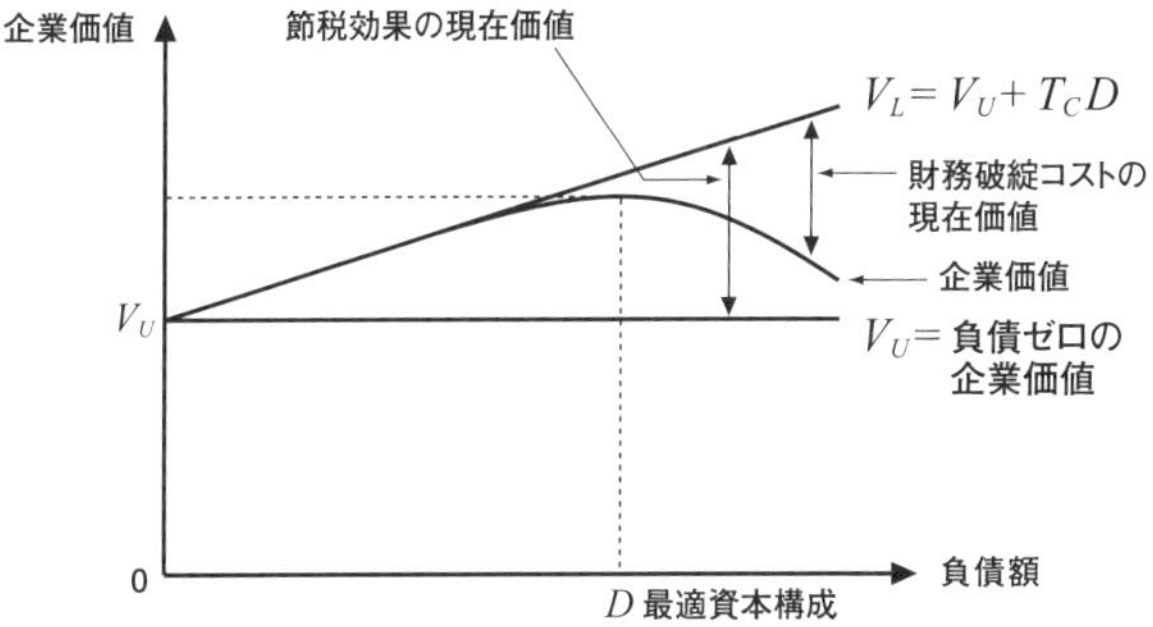

負債がある限度を超えると、財務破綻コストの現在価値の増加分が節税効果の現在価値の増加分を上回り、企業価値は減少する

図48　資本構成とWACC

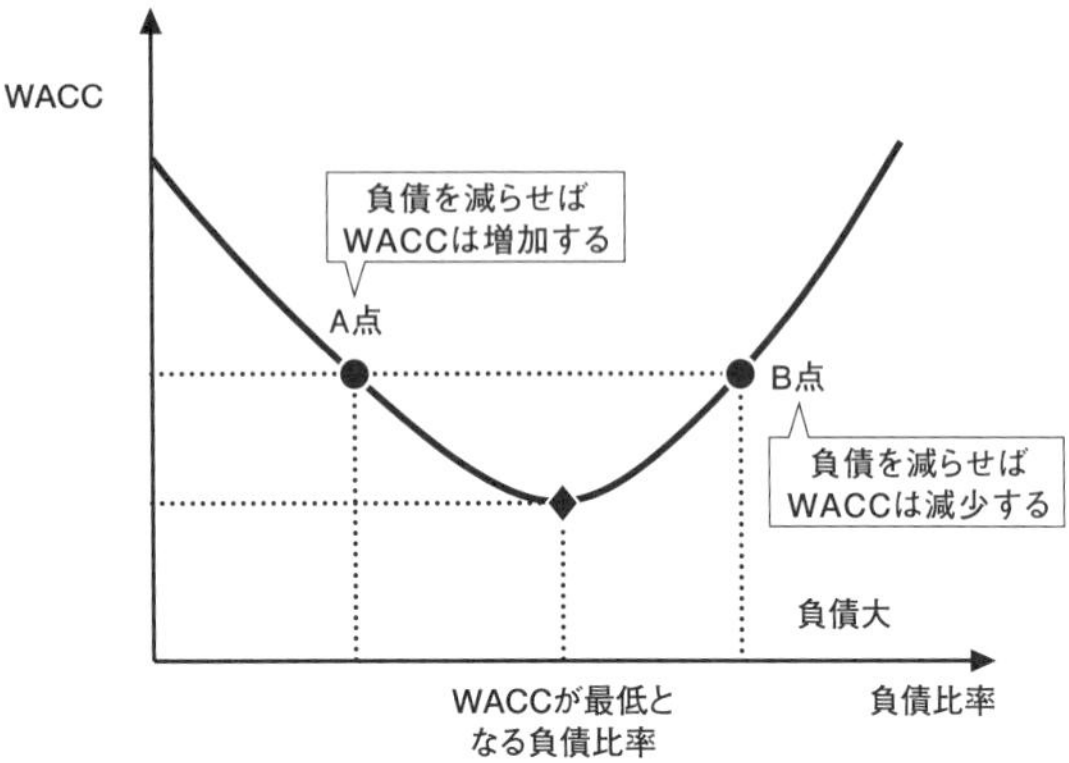

いうコスト（＝機会コスト）が発生しているといえます。

最適な資本構成とは

ここで、最初の問いに戻って、「最適な資本構成はあるのか」ということについていうと、「これが最適な資本構成です」といったはっきりしたものはない——こういう、なんともいまひとつの結論になるわけです。

「最適な資本構成」が明確な形で存在しないとなれば、経営者は何をもって、有利子負債と株主資本とのバランスを考えればいいのか——そんな疑問がここで湧いてきます。

ここで図48をご覧ください。先の図46、47は企業価値という側面から資本構成を見たものでしたが、こちらはＷＡＣＣの側面から資本構成を見たものです。

縦軸は、ＷＡＣＣを表し、横軸は有利子負債と株主資本の割合を表します。右に行けばいくほど、負債が増加します。

グラフにある通り、はじめは負債を増やしていくと、ＷＡＣＣは下がっていきます。負債には節税効果があるからです。ですから、負債の利用によって、ＷＡＣＣが下がっていきます。

しかし、この間も負債の増加により、財務リスクが増加し、株主資本コストは上昇していきます。ところが、まだ負債の利用による節税効果の方が、株主資本コストの上昇分よりも大きいために、ＷＡＣＣは低下を続けるのです。

ところが、有利子負債が増えすぎると、格付けが下がります（格付けについては、もう少し後にお話しします）。その結果、負債コストが上がります。同時に、財務リスクが増大するために、株主のリスク認識も高まり、結果的に株主資本コストも上がるわけです。ＷＡＣＣが最低になるポイントは、有利子負債増加による節税効果というメリットと財務破綻コストの上昇というデメリットのバランスがとれたところです。

企業の資本構成について考える際に、このグラフの中のどのあたりに位置しているのか、ということを押さえておく必要があります。たとえば、このA点にある企業が負債を増やせば、WACCは下がります。これは「良いオペレーション」といえます。ところが、B点にある企業が負債を増やすと、こんどはWACCが上がってしまうわけです。

反対に負債を減らすことは、B点にいる企業の場合には、「良いオペレーション」ということになりますが、A点にいる企業にとっては、「良くないオペレーション」ということになります。

では、自分の会社がA点にいるのか、それともB点にいるのか、というのはどうやって知ればいいのでしょうか。実務上は、同業他社の資本構成を参考にしたり、格付け機関の意見を参考にしたりとまさに手探り状態なわけです。

「有利子負債を減らす」のはいいことか？

くりかえしますが、最適資本構成に、これ、という正解はありません。けれども、資本構成に影響を与える要因は存在します。

たとえば、収益性の高い企業は負債比率が低い傾向にあります。そういう企業は倒産する可能性が低いので有利子負債の節税効果を活用すべきなのですが、実際には逆のオペレーションが行われているケースが多いのです。その結果、業績がいい企業ほど、最適な資本構成よりも、有利子負債が少ないという傾向が出てきます。それは、資金調達の機動性という点で、増資よりも有利子負債の方が優れていると考えられているからで、実際、万一のときに備えて、借入するだけの余力を持っておきたい――そう考える経営者が多いのも確かです。

その一方で、事業リスクの高い企業、言い換えれば、事業活動から生み出されるキャッシュフローの変動が大きい企業は、仮に負債がなくても倒産の危機に陥る可能性が高いので、こちらも同様に負債比率が低い傾向にあります。ですから逆に、たとえば、東京ガスや東京電力といった社会のインフラを担っている企業など、将来のキャッシュフローのバラツキがあまりない、言い換えれば、事業リスクの少ない企業の場合、有利子負債を増やしてもよいということになります。ところが実際には、有利子負債を圧縮するようなオペレーションが往々にして行われているわけです。なぜなら、「有利子負債を減らすことはいいことだ」という社会通念がいまだにまかり通っているからです。

リスクを嫌うお金

ところで、『社長失格』（日経ＢＰ社）の著者である板倉雄一郎氏は、「ハイパーネットの倒産の原因のひとつは調達方法を間違えたことだ」と、同書の中で語っています（ハイパーネットは板倉氏がかつて経営に携わっていたベンチャー企業です）。

先にも説明しましたが、投資家には安定志向（債権者）と成長志向（株主）の二つのタイプがあり、銀行はいうまでもなく前者に属します。つまり、ハイパーネットはそんな銀行から借入などしてはいけなかった、言い換えれば「リスクを嫌うお金」を入れてはいけなかったわけです。

ところが板倉氏は、銀行員は当然フィナンシャルリテラシーが高いから、ハイパーネットの事業リスクを十分理解した上で投資しているものと思っていた。会社を育てるようなつもりだろう、と。しかし、いくら成長しようがリターンが変わらない債権者＝金融機関が、そんなお人好しであるはずがないのです。

そんなことも踏まえてふたたび、「最適な資本構成」について考えれば、自分の事業リスクが高いことを認識している経営者ならば、「リスクを好むお金」を入れる。具体的には、エクイティファイナンス（＝株式調達）です。成長期にある企業であれば、ベンチャーキャピタルから資本を募るということも考えられるでしょう。

このように、資本構成を考えるにあたっては、事業リスクに見合った資金調達をすることがたいせつです。

格付けの誤解

次に、格付けについてご説明しましょう。

ムーディーズやスタンダード&プアーズといった格付け機関については、あなたも耳にしたことがあるでしょう。これらの機関がいうところの「良い会社」とは、株主サイド、それとも債権者サイド、どちらの立場から見たものと思いますか？

答えは……、債権者サイドの方です。格付けというのは、社債、すなわちデット（有利子負債）に対して行われるものです。そのため、格付け機関が最も重視するのは債務償還能力です。つまり、その社債を期日までにきちんと返してくれる能力があるかどうかを格付けしているわけです。

格付けに影響を及ぼす重要な財務指標のひとつに、**株主資本比率（＝自己資本比率）**があります。これは、総資産のうち株主資本（＝自己資本）がどれだけの割合を占めるかという指標です。この比率が高いほど、つまり、株主資本が大きければ大きいほど、「良い会社」とされる傾向にあります。もちろん、銀行などでも、この株主資本比率を重視します。銀行が、有利子負債が少ない企業（えてして、それは優良企業だったりするわけですが）に貸し出したがるのもそのためです。

一方で、「株主資本の割合が高い」ということは、イコール「ＷＡＣＣが高い」ということでもあります。ですから、企業価値という側面からすると、必ずしも「良いオペレーション」を行っている会社とはいえないわけです。ところが債権者は、物事の一面だけを捉えて、そういう会社を「良い会社」としてしまいがちです。まあ、「元本と利息さえ確保できればいい」と考えている債権者の立場からすれば、ある意味、仕方がないことなのかもしれません。

格付けが下がれば、当然のことながら債権者のリスク認識が増すので、期待収益率が高くなります。これは企業にとってみれば、負債コストが上昇することを意味します。したがって、企業は格付けを上げようと躍起になり、その結果、有利子負債をできるだけ減らそうとします。

しかし、有利子負債を必要以上に減らせば、当然のことながら株主資本比率が上がります。負債コストは減ったものの株主資本の割合が増えることになり、結局、今度はＷＡＣＣが上がって、企業価値が減少してしまう、なんて逆説的なことも起こり得るわけです。「格付けを上げれば企業価値が上がり、ひいては株価が上がる」と考えるのは間違いであることがお分かりいただけましたでしょうか。

格付けは、企業の総合的な競争力を示すものといったイメージをお持ちの経営者の方も多いのではないでしょうか。しかし、それは誤解で、格付けとは単に債権者の立場から企業の債務償還能力を分析判断しているものにすぎないということをご理解いただければと思います。

格付けとWACCの関係

実際のところ、格付けをとりたてて高くしようとする必要はありません。

あまりに格付けを重視しすぎると、かえってそれに関わるコストが高くついてしまうからです。高い状態で格付けを維持するためには、債務償還能力が高いということを示す必要がありますから、手元に潤沢なキャッシュを置き、なおかつ株主資本比率を高くしておかなくてはなりません。有利子負債による節税効果というメリットを享受しない分、WACCが高くなります。

もちろん、格付けが低すぎてもよくないのは確かです。たとえばアメリカのGMが、格付けが下がったために苦しんでいることは新聞報道などでご存じかと思います。「投資不適格」の状態ですから、リスクプレミアムがぐんと上がって負債コストも上がり、これに伴って株主資本コストも上がります。ということは当然、ＷＡＣＣが上がります。そして結果的に企業価値が減少して、株価は下がり、さらなるＷＡＣＣの上昇が起こるという悪循環にハマってしまうわけです。

格付けに関しては、ＩＢＭのトレジャラー、ジェフリー・サークス氏が発したコメントが象徴的です。ここに紹介しましょう。

「トリプルＡは非常に安定的な産業のものだ。また、トリプルＡを取るためには、２５０億ドル（２兆５０００億円）の手元現金を持たなくてはならない。それだけの手元資金を持つコストと、トリプルＡをもらうメリットは見合わない」

「現在は安全をみて少し多めの資金を手元に置いているが、それでも60億～80億ドル程度だ。２００億ドルくらいあると何に使うんだ、株主に返すべきだ、という要求が出る」

「（最低限維持したい格付けについては）現在のシングルＡ。使っている資本のトータルコストは、株主資本よりもコストが安い負債を多く利用するトリプルＢのときに一番低い状態になると思う。だが、トリプルＢは買収や自社株買いなど、急でまとまった資金需要への対応力が極めて乏しい財政状態だ。シングルAなら負債もある程度利用できるし、買収などに柔軟な対応も可能だ」

（「自社株買い　米市場の視点」日経金融新聞　一九九六年八月二〇日）。

非常に成熟したコメントですね。日本のCFOからも、こんなコメントが出てくる日を期待したいところです。

配当のメカニズム

次に、「投資家へのリターンの仕方」について考えてみましょう。

投資家には株主と債権者がいるということは、本書を通して、口を酸っぱくして申し上げてきました。債権者へのリターンの仕方については、債権者が投資をしてくれた元本に対して、利息という形で返します。元本の方は、期日に全額、あるいは、月々一定額を返します。これはまあ、あたりまえの話です。

一方、株主へのリターンの仕方については、先に「二種類ある」というお話をしました。覚えていらっしゃいますか？　そうです、「配当」（インカムゲイン）と「株価上昇益」（キャピタルゲイン）です。

それでは、配当というのはそもそも何なのでしょうか。

実は株主にとっての配当というのは、単に現金の保管場所が変わったものに過ぎません。たとえば、ある会社の投下資本利益率（ＲＯＩＣ）が10％だとしましょう。投資家がその会社の株を一株50万円で購入したとすれば、一年後には、それが55万円になっているということです。ところが、会社から５万円を配当として受けとってしまうと、当然のことながら、株価は55万円から50万円に下がるはずです。結局５万円を会社に預けておくか、自分でもっておくかの違いで、それが、すなわち「保管場所が変わった」の意味するところです。

５万円の配当を喜ぶのが合理的な場合とは、いかなるときでしょうか。それは、現金がいますぐ欲しい場合。あるいは、同程度のリスクで、10％を超える収益率が見込める投資機会が他にある場合でしょう。そうでなければ、このままその会社に預けて、運用してもらっている方がいいわけです。

このような配当のメカニズムを知ってか知らずか、増配と発表すると、株価は上がる傾向にあります。これは、増配によるアナウンスメント効果が考えられます。企業が増配を発表するということは、経営者が将来の業績予想について楽観的に見ていることを意味しています。となれば、その企業の株は基本的に「買い」ということになりますね。

ただ、その一方で、「将来の投資機会がない」というネガティブなシグナルにもなり得ることに注意が必要です。それを考慮に入れれば、その企業がライフサイクルのどの位置にあるのかということにも、注意しておく必要があるのかもしれません。

配当と企業価値

それでは、配当を行うことで企業価値はどのように変化するのでしょうか。

223ページの図49をご覧ください。ある会社の時価ベースのバランスシートです。配当前は、時価で現金が２００万円、その他の資産が８００万円で総資産は１０００万円。負債はありませんから、企業価値と株主資本価値は同じで１０００万円となります。株式数は１００株、1株あたり10万円の株価がついています。

この会社が１００万円配当しました。結果、１００万円の現金が減りますね。この１００万円は株主へと渡り、企業価値は１０００万円マイナス１００万円で９００万円になります。そして、株価も9万円になりました。

確かに配当前と配当後を比べてみると、企業価値は１０００万円から９００万円に減りました。同様に時価総額も１０００万円から９００万円に減っています。会社から現金が１０

0万円流出したので下がるのは当然ですが、株主からすれば、その流出分を手元で受け取っているということになるわけです。

つまり、株主にとっては、価値（＝自分の持ち分）は変わらないということになります。企業価値全体としては変わるかもしれませんが、株主にとってみれば変わらないわけです（上の囲み内の関係式を頭に入れておいて下さい）。

配当前の株主価値
＝配当額＋配当後の株主価値

それでは、いつの時点が、企業が配当すべきときなのでしょうか。それは、成長が鈍化して、NPVが0より高くなるような投資案件がなくなったときです。NPV、覚えていらっしゃいますか？　企業における投資判断の指標で、「投資を行うことによって、どれだけのお金が増えるかを表したもの」でした。お忘れの方は、173ページに戻って確認をしておいてください。

ところで、投資すべきところがないからといって、余剰資金を現預金で手元に置いておく企業があります。これでは、株主にしてみれば、「現金で置いておくなら、返してほしい。もっと優良な投資先を見つけるから」ということになりますよね。

図49　配当·自社株取得による企業価値の変化

配当前／自社株取得前　万円

現　金	200	資　本	1,000
その他資産	800		
総資産	1,000	総資産	1,000

企業価値	1,000
株式数	100 株
株　価	10

➡

配当後　万円

現　金	100	資　本	900
その他資産	800		
総資産	900	総資産	900

企業価値	900
株式数	100 株
株　価	9

⬇

自社株取得後　万円

現　金	100	資　本	900
その他資産	800		
総資産	900	総資産	900

企業価値	900
株式数	90 株
株　価	10

配当前の株主価値
＝配当金額＋配当後の株主価値

自社株取得

株主に資金を還元する方法として、配当のほかに自社株取得があります。自社株取得（自社株買い）とは、いわゆる現株主（自社株取得後も株式を保有している株主）が、自社株取得の申し入れに応じた株主から、時価で株式を購入することをいいます。

では、自社株取得は企業価値にどのような影響を与えるのでしょうか？　先ほどの配当の例では、配当前と配当後では株価が10万円から9万円に減りました。一方、自社株取得の場合（図49）は、１００万円を使って10株買って、その買った株は、消却（発行済株式数を減少させること）するか、M&Aに備えるべく、金庫株として保管しておくのです。いずれにしても企業価値は９００万円になります。ここまでは、配当と同じです。

ただし、株数が１００株から90株に減っていますから、株価は９００万円割ることの90株で10万円です。つまり、自社株取得前と取得後で株価は変わっていません。ただ、これはあくまでも、経営陣が評価する理論株価と市場の価格がイコールの場合の話です。

実際のところ、自社株取得は、マーケットに、配当に比べてより多くのシグナルを送ります。というのも、自社株取得は、経営陣が自社株を割安だと考えている証拠だと考えられるからです。自社株にしろ、他の会社の株にしろ、割高なものを買えば、株主価値を毀損することになります。わざわざ株主価値を毀損するようなことを経営者はしないでしょう。いや、して欲しくありません（笑）。

また、自社株取得は、将来にわたって安定してキャッシュフローを稼ぎ出せるという経営者の自信とも受け止められます。しかし一方で、増配と同じように将来の投資機会がないというネガティブなシグナルにもなり得ることにも注意が必要です。

企業のライフサイクルと分配

いずれにしても、自社株取得にしても配当にしても、本来はこれから伸びていこうという会社が行うオペレーションではありません。成長ステージにあるときは、株主にしてみれば、「配当をもらっても、あなたに再投資するわけだから税金のムダ。だから、配当の分を内部で再投資してほしい」というのが本音でしょう。「お金はそのまま預けておくから、もっともっと株価を上げて欲しい。配当ではなくキャピタルゲインで報いて欲しい」ということですね。

ですから、「無配」だからといって、必ずしも株主を軽視しているわけではないのです。その意味で、マイクロソフトが二〇〇三年まで無配を貫いたのは、正しいことだったといえます。

ところが、マイクロソフトはその後、自社株買いや特別配当をするようになりました。投資家は、それを「マイクロソフトはもはや成熟期に入ってしまったのかな。有望な投資案件がないのかもしれない」というネガティブなシグナルに受け取りかねない危険があります。

つまり、急激に伸びてきた会社が、配当や自社株取得をはじめると、そう取られる可能性が出てくるわけです。そのためにも、株主への資金還元については、企業のライフサイクルのステージに応じて行う必要があります。

経営者の意思決定のためのツール

企業がまさかの事態に陥った際に、資金を調達する手段として、新株を発行する増資の形よりも、金融機関からの借入の方が手っ取り早いことは否めません。手続きにしても早いですし、柔軟に対応してもらえるからですね。ですから、どうしても負債の方を少なめにしがちなところがあります。

しかし、「負債があると困る」の一点張りでは、前近代的な経営感覚といわざるをえません。成熟した経営者には、負債や格付けなどのさまざまな要素を加味しながら、微妙なバランスをとることが求められているのです。

ただ、このレベルになりますと正解がないだけに、高度なオペレーションが要求されます。正解がないといえば、企業価値自体にも正解はありません。企業が将来生み出すであろうフリーキャッシュフローをどう予測すればいいのか、ということについては、未来のことですから正解がないのは当然のことといえます。

また、そのフリーキャッシュフローを割引くために使用する割引率にも正解はありません。その企業に対する投資家のリスク認識が反映されたものではあるのですが、そのリスク認識も、投資家によって異なるはずです。ＣＡＰＭ理論にしても、この理論で出てきた数字が正解であるとはいい切れません。

企業の経営者の方には、こういったファイナンス理論の限界をお知りになった上で、意思決定の道具として活用していただければと思います。

さいごに

ここまでお付き合いいただき、どうもありがとうございました。ここで、この本を作るにあたってお世話になった方々にお礼を申し上げたいと思います。

私は、板倉雄一郎事務所のパートナーとして、「実践・企業価値評価シリーズ合宿セミナー」の講師をつとめています。個人投資家の方々のフィナンシャルリテラシー（財務の読み書き能力）向上のための活動を行う過程で、板倉雄一郎氏（日経ＢＰ社『真っ当な株式投資』の著者）をはじめ、パートナーたちとの議論、意識の高い受講生との交流から、たくさんのことを学ばせていただきました。この活動、そしてこの経験がなければ、本書は決して完成しなかったと思います。この場を借りて、板倉雄一郎コミュニティーのみなさまに御礼申し上げます。

また、つい最近にも『数字は見るな！　簿記があなたの会計力をダメにする』（日本実業出版社）というショッキングなタイトルの本を上梓《じょうし》された公認会計士の田中靖浩先生には、会計や財務について、またその伝え方について、ご教授いただいております。また、田中先生は、会計と落語のコラボレーションという新たな領域を開拓されている方です。その意味でも、いつも多くの刺激をいただいております。ありがとうございます。

現在、私が勤務するブーズ・アレン・アンド・ハミルトンの上司である松田千恵子氏（日経ＢＰ社『格付けはなぜ下がるのか？――大倒産時代の信用リスク入門』の著者）には、コンサルティング業務を通じて、「資本市場における評価に対して、企業はどう対応すべきか」について、ファイナンスのみならず、経営戦略の観点からも、多くの学びをいただいております。この場を借りて、御礼を申し上げます。今後は、コンサルタントとして、投資家サイドだけでなく、企業サイドからも日本人のフィナンシャルリテラシーの向上に貢献できればと考えております。

本書の執筆にあたっては、前著『道具としてのファイナンス』（日本実業出版社）に引き続き、出版塾の畑田洋行氏に原稿執筆のサポートをお願いしました。ありがとうございました。また、光文社新書編集部の森岡純一氏には、ファイナンスの素人代表として、数々の斬新な質問をしていただき、本書の分かりやすさにご貢献をいただきました。ありがとうございました。

最後に長い執筆期間中に不便をかけた家族に感謝しつつ、この本を妻と子供たちに捧げたいと思います。

二〇〇七年三月

石野雄一

参考文献

伊藤洋・著、インテラセットグループ・監修『財務コーチング　最少のエネルギーで財務の要諦を押さえる85のポイント』東洋経済新報社
伊藤洋『経理のプロが現場で教える楽勝！　会計入門』ダイヤモンド社
石野雄一『道具としてのファイナンス』日本実業出版社
岩崎日出俊『サバイバルとしての金融』祥伝社新書
森生明『会社の値段』ちくま新書
田中靖浩『数字は見るな！　簿記があなたの会計力をダメにする』日本実業出版社
田中靖浩『実学入門　経営がみえる会計　目指せ！キャッシュフロー経営』日本経済新聞社
板倉雄一郎『おりこうさん　おばかさんのお金の使い方』幻冬舎
板倉雄一郎『エッセー集 Vol.1 SMU（＝Start Me Up)』板倉雄一郎事務所

板倉雄一郎『エッセー集 Vol.2 KISS（=Keep It Simple, Stupid!）』板倉雄一郎事務所
板倉雄一郎『エッセー集 Vol.3 Deep KISS』板倉雄一郎事務所
板倉雄一郎事務所『真っ当な株式投資』日経ＢＰ社
松田千恵子『格付けはなぜ下がるのか？――大倒産時代の信用リスク入門』日経ＢＰ社
マッキンゼー・アンド・カンパニー他『企業価値評価　第４版』（上）（下）ダイヤモンド社
渡辺茂『ビジュアル　企業価値評価の基本』日本経済新聞社
渡辺康夫『図解　企業価値入門　考え方から投資戦略までの活用法がわかる』東洋経済新報社

【わ行】

【た行】

【さ行】

用語索引

本文中に登場する用語について、くわしく説明してある箇所のページが載っています。

石野雄一（いしのゆういち）

1968年生まれ。上智大学理工学部卒業後、旧三菱銀行に入行。インディアナ大学ケリースクール・オブ・ビジネスにて経営学修士号（MBA）取得。日産自動車（財務部）にて、キャッシュマネジメント、リスクマネジメント業務を担当。その後、旧ブーズ・アレン・アンド・ハミルトンにて企業戦略立案、実行支援等に携わる。現在は、株式会社オントラックを設立し、ファイナンス・会計に特化した企業研修、コンサルティングを行っている。著書に『道具としてのファイナンス』（日本実業出版社）がある。

ホームページ　http://www.ontrack.co.jp

ざっくり分《わ》かるファイナンス　経営《けいえい》センスを磨《みが》くための財務《ざいむ》

2007年4月20日初版1刷発行
2024年7月5日　　38刷発行

著　者 —— 石野雄一
発行者 —— 三宅貴久
装　幀 —— アラン・チャン
印刷所 —— 萩原印刷
製本所 —— ナショナル製本
発行所 —— 株式会社光文社
東京都文京区音羽1-16-6（〒112-8011）
https://www.kobunsha.com/
電　話 —— 編集部03（5395）8289　書籍販売部03（5395）8116
制作部03（5395）8125
メール —— sinsyo@kobunsha.com

 ISBN 978-4-334-03397-2

光文社新書

188 ラッキーをつかみ取る技術 小杉俊哉
人の評価を気にしない、組織から離れてみる、嫌なことはしない、絶対にあきらめない……。キャリアが見えない時代に、こちらから積極的にラッキーを取りにいくためのキャリア論。

191 さおだけ屋はなぜ潰れないのか？ 身近な疑問からはじめる会計学 山田真哉
挫折せずに最後まで読める会計の本――あの店はいつも客がいないのにどうして潰れないのだろうか？ 毎日の生活に転がる「身近な疑問」から、大ざっぱに会計の本質をつかむ！

197 経営の大局をつかむ会計 健全な〝ドンブリ勘定〟のすすめ 山根節
会計の使える経営管理者になりたかったら、いきなりリアルな財務諸表と格闘せよ。経理マン、会計士が絶対に教えてくれない経営戦略のための会計学。

206 金融広告を読め どれが当たりで、どれがハズレか 吉本佳生
投資信託、外貨預金、個人向け国債……。「儲かる」「増やす」というその広告を本当に信じてもよいのか？ 63の金融広告を実際に読み解きながら、投資センスをトレーニングする。

239 「学び」で組織は成長する 吉田新一郎
役に立たない研修ばかりやっている組織のために、「こうすれば効率的に学べる」方法を紹介する。企業、NPO、学校、行政などで使える学び方・22例を具体的に解説。

245 指導力 清宮克幸・春口廣 対論 松瀬学
大学ラグビー界の名将二人が、自身の経験とノウハウをもとに、「指導力」の肝について語り合う。ラグビーファンだけでなく、すべての指導者、部下を持つビジネスマン必読！

275 統計数字を疑う なぜ実感とズレるのか？ 門倉貴史
五六カ月連続で景気が上向き？ 男の平均初婚年齢は二九・八歳？――まるで実感とそぐわない統計数字がなぜ、どのように生み出されるのか？ 統計リテラシーが身に付く一冊。